新・台灣的主張

李登輝 著
楊明珠 譯
明智周 校訂

「死不是生的對立，而是它的一部分。」

——村上春樹，《挪威的森林》

目次

序言

第一章　學習日本精神

第二章 邁向台灣民主化的道路

九二一大地震的試煉 112
最先抵達的日本救難隊 115
協助完成政權移轉 117

第三章 邁向新台灣人的時代

第四章
日本與台灣的國防論

附錄

台灣戰中世代的智慧發言

吳密察（台大歷史系兼任教授）

一九九九年，陪日本學者國分直一教授到總統府晉見李登輝總統時，曾經承蒙李總統贈送了他的大作《台灣的主張》（日文版）。今年（二〇一五年），李總統再度將他的文章結集在日本出版為《新・台灣的主張》。這十六年間，台灣發生了兩度政黨輪替，日本也有各種政治經濟變化，李總統本人則從總統的位置退了下來，但他以宏觀的視野關心台灣、關心日本及東亞之未來的態度則始終如一，絲毫沒有改變。或許是因為他的身分已經是個卸任元首，已經比較沒有政治上的牽掛，因此較諸《台灣的主張》，這次《新・台灣的主張》中的言論顯得更直白、更盡性，可以視為是他老人家看透人生、世局，卻又心存關愛的醒世智慧發言。

《新・台灣的主張》共分為四章，內容可以分成兩個部分。第一章敘述了自己早年的人格形成與精神信仰，第二章回顧了自己的學者與從政生涯。這兩章可以視為是他最為精要的人生回顧談。第三章則是以一個卸任元首的立場，對陳水扁、馬英九先後執政的十五年間所做的觀察評論。第四章是他對於與台灣關係密切的東亞局勢分析和對於日本的建言。總體呈現了立足台灣思考東亞的大格局。

對於像我這種人生閱歷遠遠不及，又無治國歷練的後輩來說，李總統的很多議論只能當作學習的材料，不能有絲毫置喙的餘地。但是作為一個稍識台灣近代史的歷史學徒來說，李總統所敘述的，他在日本時代的人格養成和早期經驗，卻讓我有不少啟發。

李總統是日本時代最後一批的舊制高校學生。舊制高校的教育與學風，讓李總統顯得有哲人政治家的氣質。即使身處在世俗的政治漩渦之際，文學、哲學、藝術、精神、信仰這些超凡的質素，也都一直與他同在。他不但與一般的舊制高校學生一樣，閱讀西洋近代初期的文哲經典書籍，而且深入三十年代晚期年輕人流行的日本唯心論哲學，並在武士道中體會諸如「義」、「勇」、「仁」、「禮」、「誠」、「名譽」、「忠義」、「克己」等道德修養，並終生奉守實踐。李總統世代的台灣人，將上述武士道的修為與實踐，稱作「日本精神」。戰後因為美國式自由化教育的普及，即使日本的年輕人也不再服膺這種嚴格的律己主義，因此台灣戰中派所體現的「日本精神」對日本的憂國之士有很大的吸引力，讓他們在台灣看到了戰前日本的「寶貴資產」。在這個意義上來說，李總統是日本殖民時代所培養出來的優等生，就像李光耀是英國殖民統治所培養出來的優等生一樣，他們都在後殖民地時代以他們天賦的秀異資質、殖民時代的訓練，抓住機會為自己的母土做出了絕大的貢獻。

李總統自稱二十二歲以前是日本人（日本名「岩里政男」），而且可以說他是一個「真面目」（認真）的日本人，或許應該說他的哥哥李登欽（日本名「岩里武則」）也一樣，他們生下來就是日本人，而且以一個日本人認真地活著，如果還有一個台灣人身分，也只是潛存在更素樸的「民俗」層次罷了。所以，當日本的戰爭激烈化之後，李登欽就去應徵了志願兵，李總統也在京都大學求學的中途，放棄學業，自願入伍。類似李總統兄弟這種知識份子，當時決定去當志願兵、自願入伍，當然不會是像一般鄉野小民有時說的只是去求取一份軍中薪水，顯然他們認識到日本國家的時局需要並決意挺身「奉公」。結果，李登欽最後不幸成了未歸之人，李總統則幸運地保住了生命。但是，日本人岩里政男接下來卻必須回到他的台灣人身分，這就是戰後的李登輝。

《新・台灣的主張》中，李總統對於二十二歲以前自己的成長經歷、人生轉折，沒有閃躲、心平氣和地娓娓道來，讓人感受到他的淡然，卻也讓我們這些沒有經歷那個時代轉折、只能在歷史材料中「想像地進行追體驗」的後輩，讀出一些些的惆悵。尤其，書中談到他二〇〇七年訪日之際，在東京的靖國神社與哥哥的「對面」，不禁令人鼻酸。

李總統這個世代的台灣人，對於日本有錯綜複雜的感情。就像書中提到的那位蔡昭昭女士淡淡地問司馬遼太郎「日本為何拋棄台灣？」一樣，台灣的戰中世代對日本有一股怨懟情緒。司馬遼太郎承認這是日本必須面對的倫理問題。但是似乎即使到了現在，日本（包括日本政府與一般日本人）也沒有真正認真地面對這個倫理問題。《新・台灣的主張》中，李總統多處提到，在現實上日本必須認識到台灣在地緣政治上的重要性，在倫理上要真正面對她在台灣歷史上所曾經扮演過的角色。希望日本是聽到他的呼籲了。

「我是不是我的我」的李登輝

陳永峰（東海大學日本區域研究中心主任、京都大學法學博士）

李登輝先生（一九二三—）的哲學性以及難解度，在台灣史上無人能及。只是，如果筆者斷定李登輝先生沒有思想，李先生自己大概不會反對，而且說不定還會說：「嗯！確實如此。」也正因為如此，「我是不是我的我」，甚至更具主體性的「我要成為不是我的我」，才會輕鬆自然地從李先生的口中說出。

沒看過戰後的哲學者西田幾多郎（一八七〇—一九四五）和眼見日本戰敗的政治學者丸山真男（一九一四—一九九六），都認為無宗教、無思想、無哲學是日本人最重要的特徵。基於「絕對無」的「場所」（日本）的自我認識，日本人無止境地忙於四處找老師。既然要找老師，就得找最好最強的老師。而且日本人一貫認為強者存在於「外部」。因此，中國強的時候學中國，歐洲強的時候學歐洲，美國強的時候學美國。也因為「無」，日本人才得以輕易地穿梭於各大文明之間，卻又可以輕鬆地保有自我。而那個自我，當然就非得是「絕對無」不可了。也就是說，日本是日本，卻又不是日本，因此日本非得「超克」（超越又克服）不是日本的日本不可。因此，為了完成日本的自我實現，中國、歐洲、美國，既是日本學習的對象，同時也是日本超克的對象。這是日本完美完成現代的原動力，同時也是非得和中國以及歐美發生衝突的要因。

「我」當然是我。但是，「我」卻怎麼樣都成不了我。所以，「我」只好努力成為「不是我的我」。

基本上，李先生的難解根基於此。特別是在李先生自主性地要求自己必須成為不是李登輝的李登輝之時。也就是說，不管是在對李先生評價兩極的台灣，或具有高度人氣的日本，或一面倒反李的中國，李先生從來都不是被誤解，而是徹頭徹尾地無從理解。不過，這對於一個矢志成為「不是我的我」的人（私は私でない私になれ）而言，理所當然。

另一方面，殖民地台灣的「場所的悲哀」，毫無疑問，強化了李登輝的我是不是我的我。是日本人，但又不是日本人，所以非得成為不是日本人的日本人不可。對李先生而言，這是典型的對「我是誰？」這個哲學命題的自我超克。同樣地，戰後台灣的「場所的悲哀」也一模一樣。是中國人，但又不是中國人，所以非得成為不是中國人的中國人不可。這與猶太人改宗天主教的現象極為類似。因此，台灣人如果要成為日本人，非得比日本人更日本人不可；同樣地，台灣人如果要成為中國人，也非得比中國人更中國人不可。

事實上，此一「無思想」的思想，其根源來自京都學派的始祖西田幾多郎。西田所主張的「絕對矛盾的自我同一」、「絕對無的場所」、回到「無」才有「私」也才有「無私」，全部在李先生的言行當中得到印證。李先生也在本書中自承在舊制高校（台北高等學校）階段就讀過了西田難讀拗口的傳世名著《善的研究》（一九一一）。

李先生是日本舊制高校教養主義的體驗者。舊制高校在戰前日本意義重大，進入高校幾乎就等於取得帝國大學的入場券，一種與時代高度結合的「學歷貴族」或「身分文化」的象徵。與李先生一樣念過京都帝國大學，出身於第三高等學校（京都三高）的文明生態學家梅棹忠夫（一九二〇—二〇一〇）就曾回憶：「最重要的事情就在這裡。那就是是否從舊制高校畢業。畢業於舊制高校的人，大體上也都會從帝國大學畢業。這些人全部經驗過教養教育（liberal arts）。但是，從明治以來創立的各類學校，例如師範學校、高等師範學校乃至專門學校、陸軍士官學校以及其他與專門學校同級的學校，從這些學校畢業的人都擁有專業知識。但是，沒有教養。」

這裡指的教養其實就是 liberal arts，接近我們現在大學教育中所說的博雅教育或廣義的通識教育。舊制高校重視語言教育，一貫強調透過英、德、法等歐語直接閱讀各領域的經典名著。因此，李先生在就讀台北高校期間就已經用英文讀完卡萊爾的《衣裳哲學》，用德文讀過歌德的《浮士德》、《少年維特的煩惱》，以及尼采的《查拉圖斯特拉如是說》等名著。

另一方面，沒念過舊制高校，而是從工業專門學校畢業的臨床心理學者河合隼雄（一九二八—二〇〇七）則替梅棹忠夫的證言進行了「驗算」，同時留下了以下的反證。

「沒念過高等學校的自卑感一直糾纏著我。當時，高等學校就是構築人生教養的場所。那裡的學生都在讀哲學書吧！然而，我們工業專門學校的學生，被要求成為即戰力，電子技術確實是學會了。……但是，高等學校裡面的教養教育，我們卻什麼都沒有學到。因此，進了大學（京大）之後，沒有教養的自卑感一直

糾纏著我。」（梅棹忠夫和河合隼雄的證言皆引自竹內洋，《學歷貴族的榮光與挫折》，一九九九）

也就是說，從高等學校畢業，又進入了帝國大學的李先生，確實已經比日本人更日本人了。（高校畢業時就已經讀了七百冊以上的岩波文庫，這意味著李先生對日本型教養的認同與自我完成。）只是，日本的戰敗，再加上一連串的「死」的襲來，讓李先生的完成或未完成盡成擬像。一切非得再從「絕對無」出發不可。

毫無疑問，「我」與「死」的無限連鎖，確實是李先生與西田幾多郎在「純粹經驗」上的共同的出發點。西田幾多郎在其代表性論文《無的自覺性限定》（一九三二）當中明言：「哲學的動機，毫無疑問，非得來自深度人生的悲哀不可。」

所以，如果硬要說明為何李先生在台灣政壇總是佔據著思想的制高點，長期以來，輕易地操弄也嘲弄著蔡英文、馬英九、陳水扁、宋楚瑜等人的話，那麼答案就在西田幾多郎的「絕對無」與「場所的哲學」。讀完本書之後，有延伸「閱讀」興趣的讀者，可以再讀讀西田幾多郎（《西田幾多郎全集》全二十四卷，岩波書店），對於理解李登輝為何是不是李登輝的李登輝，必有助益。

自序

「日本又進步了。」

從桃園機場出發，抵達關西機場後，搭乘座車前往大阪市區飯店途中，我這麼想著。

二〇一四年九月，我到日本進行七天的訪問。回顧七十年前，我在京都帝國大學就學期間進入大阪第四師團，任職帝國陸軍少尉時遭逢日本敗戰。而大阪現在的市容與二次大戰時已經完全不一樣，令我感到非常驚訝。

這次訪問距離上次訪日（二〇〇九年九月），已睽違五年，而且是第一次由兩位女兒陪同到日本。此行主要目的是為了更深入瞭解日本最先進的癌症治療方法，還有能源政策與畜牧業等領域。

首先，說到癌症治療，台灣和日本一樣，死因排名第一都是癌症。然而，很多人卻因為經濟因素，沒辦法接受治療。像我個人就曾多次罹癌，徘徊於生死邊緣。目前我注意到日本的「硼中子捕獲治療」（Boron Neutron Capture Therapy, BNCT）治療費用比較低，療效又好，很希望能夠引進台灣。

此外，我想考察三一一大地震後，日本對於太陽能發電等替代能源開發的情況。受到福島第一核電廠核災的影響，台灣興起一股反對第四核電廠興建的運動。台灣也必須由政府主導，趕緊開發能夠取代核能的新能源。

這次訪日是我首度訪問北海道，考察畜牧業。台灣的牛肉市場每年約兩百億元的規模，不是小數目，但因為狂牛症、口蹄疫的問題，目前還沒辦法進口日本牛肉。因此，為了讓台灣也能養出好吃的牛肉，我想參考日本的畜牧業。

此外，訪日的目的之一，目前在台北郊外淡水正準備興建「李登輝紀念圖書館」，我希望讓日本民眾知道這件事。

在美國已喪失昔日霸權，日漸多極化的「G零」世界裡，日本若要進行改革、永續存活，每個日本人都必須立定志向，起而行動。前提是，要對自己國家的歷史與文化感到驕傲與自信。唯有如此，才能帶給東亞安定，使台灣和日本維持良善關係。這也是為什麼我要在本書第一章，對台日的歷史做詳細說明的原因。台灣和日本之間的羈絆，有其歷史根基。但是，許多人不清楚台灣和日本共同經歷的那些歷史。台灣和日本是生命（命運）共同體。日本好，台灣就好，反之亦然。

二〇一四年三月，台灣學生佔領立法院，日本及其他國家都大幅報導。現在台灣的問題是政府不傾聽人民的聲音，及地方的聲音。

我在一九九九年出版的《台灣的主張》一書中寫道：「『新台灣、新台灣人』一定要基於使命與責任，彰顯自己的存在，創造新的歷史。」我這個想法至今仍未改變。未來，我們需要處理的問題無可勝數。為此，我希望重新指引出台灣未來該走的方向，故將本書題為《新・台灣的主張》。

二〇一五年一月，我度過九十二歲生日。為了台灣，我什麼時候死都無所謂。我能活到現在，只能說是倚靠著上帝的指引。

我，李登輝，希望一直到臨終瞬間，都不會怨恨任何人，能夠像牛一樣，亦步亦趨地守護國土，順乎民之所欲，為了我所熱愛的台灣一直工作下去。

李登輝

第一章

學習日本精神

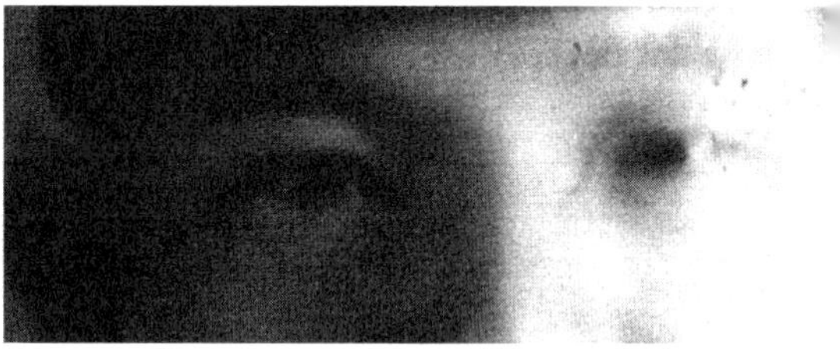

關於電影《KANO》

我想從一部電影著手，描繪台日之間的歷史與羈絆。

看完這部三小時又五分鐘的電影之後，我哭了。長年陪伴我的妻子，就坐在我旁邊。這部電影就是《KANO》。KANO是指嘉農，正式的名稱是台南州立嘉義農林學校，於一九三一年代表台灣，首度進軍甲子園，最終榮獲亞軍。電影是根據這段歷史拍攝而成。教練近藤兵太郎，讓這個原本羸弱不堪的球隊得以浴火重生。片中這位主角，是由日本男星永瀨正敏擔綱演出。我認為，能夠成功整合一支由日本人、本島人（台灣人）、原住民聯合組成的球隊，就領導者的角色來說，近藤的表現真的非常傑出。

台灣人總是習慣把「日本精神」這個詞掛在嘴上。這是台灣人在接受日本統治時學到的，也是日本戰敗後從中國大陸過來的中國人身上看不到，台灣人引以為傲的精神。日本精神代表「勇氣」、「誠實」、「勤勉」、「奉公」、「自我犧牲」、「責任感」、「守法」及「清潔」的精神。看完《KANO》後，我和妻子又聊起「日本教育真的很了不起」這話題。感謝《KANO》，讓我再度回想起昔日的自

描述嘉義農林學校棒球小將不屈不撓、志在進軍甲子園的青春電影《KANO》，在台灣締造高票房。日本也於2015年1月上映。（拍攝於台北）

己和家族的點點滴滴。《KANO》在台灣很賣座，不過也有人批評「過度美化日本統治時期」。但是，當前台灣快要被中國併吞，台灣人應該回首反思的，就是這部電影裡所描繪的「日本精神」。台灣人必須藉由重溫「日本精神」，脫離中華思想的束縛，在「能夠清楚區分『公』與『私』」的武士道倫理基礎上，建立民主社會。因此，當我踏出電影院時，對記者這麼說：

「台灣人應該看這部電影！」

建立台灣近代化基礎的後藤新平

一八九五年四月十七日，甲午戰爭之後，日本與中國締結馬關條約，清朝將台灣割讓給日本。同年，日本設立台灣總督府，做為統治台灣的行政機關。台灣總督以「軍政、行政最高負責人」的角色到任。首任總督為樺山資紀。此後到一九四五年為止，台灣接受日本統治期間共任命了十九位總督。對於這五十年，我們應該如何評價？

只要一句話，就能夠回答這個問題。是日本讓台灣完成近代化。因為日本的

後藤新平（日本國立國會圖書館提供）

統治，台灣得以從傳統農業社會蛻變為近代社會。相對於歐美各國「從來沒有讓殖民地近代化的打算」，日本統治的方式可說是獨樹一格。

尤其是台灣割讓給日本之後幾個月，台灣總督府就在台北的芝山巖設立了教授日文的學校。從教育工作開始施行殖民地政策，在人類歷史中也是絕無僅有的。因為殖民地人民教育程度提升之後，將來很可能會對殖民統治提出不滿的訴求，教育工作無異是「自己掐住自己脖子」的作法。

日本統治初期，台灣人口約有兩百六十萬人。社會治安紊亂，吸食鴉片風氣盛行，瘧疾、霍亂等傳染病蔓延，是一個極度落後的地方。歷任台灣總督一直忙著討伐抗日游擊隊。從首任總督樺山資紀到第三任總督乃木希典，台灣的開發才開始有點頭緒。大約在一八九八年，第四任台灣總督兒玉源太郎與民政長官後藤新平聯袂上任之後，台灣的開發才有了重大進展。

後藤在台灣任職，不過是一八九八年至一九〇六年之間的八年七個月，但其施政成果讓台灣從未開發社會邁入近代化社會，有人說幾乎是「相當於一世紀」的開發與發展。在建立台灣近代化基礎上，後藤居功厥偉。

在開發台灣之際，後藤率先實施「刷新人事、錄用人才」，從此打造了能夠順利推動政務的環境。後藤到任後，立刻將包含高級官員在內，能力不足的一千多名官僚遣送回日本。

當時的官員幾乎都只想來台灣撈一票。後藤排除這些人之後，廣泛錄用優秀人才，將他們安排到衛生、農業、銀行等各領域。後藤招募了無數這樣的人才，讓他們得以適材適用，從而成就了他在台灣的輝煌功績。

後藤並不是法律專家。有些人念過一些法律，碰到要推動新的事務時，就會認為是「違反法律」、「沒有前例」，結果什麼事都動不了。但是，後藤原本是一名醫生，他以生物學的觀點觀察事物。對於「應該如何開發國土」、「人民要的是什麼」等問題，他採取的方法是實地造訪、研究，然後制訂所需的法律。

新渡戶稻造的製糖業發展基本方針

後藤招聘了一位左右台灣發展的關鍵人物，就是同樣出身岩手縣的新渡戶稻造。一九〇一年二月，新渡戶接受兩年任期的邀約抵達台灣，這時日本統治台灣已經歷六年歲月。在他到達台灣的前一年，也就是一九〇〇年，他在美國出版的

新渡戶稻造（日本國立國會圖書館提供）

《武士道：日本人的精神》（*Bushido, The Soul of Japan*）一書，不但得到美國總統羅斯福（Theodore Roosevelt）的高度讚賞，也被翻譯成多國語文，引起廣泛的迴響（日文版《武士道》則在數年後才出版）。

時年三十九歲的新渡戶以總督府技師的身分抵達台灣，一九〇一年五月出任民政局殖產課長，遍訪台灣各地之後，他體認到振興產業的關鍵在於製糖業。一九〇〇年，他出席在法國巴黎舉行的萬國博覽會，返台之際順道到爪哇島考察糖業（製糖業），而得出「製糖業對台灣的發展會有很大助益」的結論。很快地，在一九〇一年九月，他提出「糖業改良意見書」。這份意見書獲得當時兒玉總督與後藤民政長官的支持，從此確立了台灣製糖業發展的基本方針。

此時，台灣製糖業正面臨日漸衰退的危機。然而，新渡戶分析認為，衰退的原因在於「勞動力的欠缺與課稅問題」之類的人為因素，只要進行政策上的調整，就可以讓台灣糖業發展起來。因此，他將相應對策寫進意見書，上呈總督府。收到意見書之後，兒玉總督於一九〇二年六月設立臨時台灣糖務局，任命新渡戶為局長。同時，台灣總督府公布以新渡戶意見書為本所制定的「糖業獎勵規則」，成為日後台灣糖業發展的指導方針。

「糖業獎勵規則」的特色是，針對從事甘蔗栽種或製糖的人，在各方面給予補助。從清朝開始，糖業就與稻米、樟腦並列，是支撐台灣的重要產業，由此可見，台灣總督府期待進一步發展糖業的迫切心理。

事實上，當後藤新平邀請新渡戶稻造來台時，人在美國的新渡戶稻造身體狀況並不好。但他到台灣赴任之後，仍然盡心盡力，拚命幫忙發展糖業這項台灣的大事業。

新渡戶稻造就任（他自己建議設立的）臨時糖務局局長之後，親自帶領製糖事業，獎勵民眾將原本小規模、傳統型的耕作方法，轉型為新式方法。他推動的政策是：給予蔗農補助金，以利品種改良、整建灌溉設施，提升耕作意願。另一方面，鼓勵興建大型製糖廠，讓原本以手工為主的製糖程序得以進一步機械化。也就是說，從農業及工業兩方面來促進糖業發展。

一九〇三年，新渡戶同時兼任糖務局長和京都帝國大學法科大學教授，以自己的在台經驗主持「殖民政策學」講座。翌年，他正式離開台灣總督府，結束了在台灣耗盡心力的三年多歲月。然而，正是因為新渡戶的意見書，台灣的製糖業奠立了穩固的基礎，從一九〇二年的五十多萬噸產能，大增為一九〇五年近一三〇萬噸產能。這就是大型製糖廠陸續興建完工的成果。此後，製糖業在台灣的產業中扮演了舉足輕重的角色。

到了一九四〇年代，台灣糖業的生產量超過國內消費量，成長到幾乎生產過剩的地步，台灣因而以砂糖產地享譽全世界。尤其是南部因製糖業而受惠，不少地方急速發展。現在談到台灣，尤其是談到以高雄為主的南部發展，就一定要提到製糖業。若說這都是拜新渡戶「滅私奉公」的精神之賜，絕不是過譽之辭。新渡戶所展現的，正是台灣人所尊崇的理念：「日本精神」（新渡戶與我的關係容後敘述）。

「嘉南大圳」之父八田與一

接著為大家介紹另一位「日本精神」的體現者，也就是在前述電影《KANO》中出場，最受台灣人敬愛的日本人。

談到八田與一，或許知道他的日本人並不多。他在台灣建設水庫及灌溉用的水路，讓貧瘠的土地變成穀倉，對台灣人來說他是大恩人。

流經嘉南平原的嘉南大圳。八田與一所指揮興建的土木工程，讓嘉南平原成為台灣最大穀倉。（西拉雅國家風景區提供）

二〇〇二年，我原本準備接受慶應義塾大學學生社團的邀請，參加三田祭，訪問日本。但因日本外務省反對發給簽證，沒辦法赴日發表預定的演說。八田，就是我原本想在這場「夢幻演講」中介紹的日本技師。被迫取消訪日之後，當時的《產經新聞》台北支局長河崎真澄向我提出「希望將演講稿內容刊登在報紙上」的要求。於是，《產經新聞》在頭版全文刊登了我用鉛筆手寫的原稿。說來諷刺，最後變得更多人看到這篇文章，八田技師的名字開始在日本廣為人知。

八田在一八八六年出生於石川縣河北郡花園村（現在的金澤市）。第四高等學校畢業之後，在一九一〇年取得東京帝國大學工學部土木科學士的資格。隨後任職台灣總督府內務局土木課，一直到五十六歲去世為止，幾乎都在台灣度過。

八田到台灣赴任時，後藤已離開台灣。雖然在後藤時代，台灣已經達到一定程度近代化，但是河川水利、土地改革等事業仍然停滯不前。台灣每年的降雨量豐盛，河川數量眾多。但是夏季與冬季的降水量差別很大，無法拿來支援灌溉用水。更甚者，位處台灣西南部的嘉南平原（總面積四千五百平方公里），在當時被視為貧瘠之地，農業生產量低，農民的生活困苦。

八田到台灣赴任後，針對台北南邊及桃園台地的灌溉用農業水路「桃園大圳」進行調整設計，在一九二一年終於大功告成。這就是石門水庫的前身。

在建設桃園大圳之際，八田也著手規劃烏山頭水庫（位於台南市）的建設，並在嘉南平原鋪設宛如「蜘蛛網」，約一萬六千公里長的水路工程。如果我們說地球一周約四萬公里，便可知道這工程的規模有多大。另外，這水路還設有水門、橋及堤防等，主要建物數量超過四千座。烏山頭水庫與這水路設備整體加總起來，稱為嘉南大圳。這是花費十年歲月，及五千四百萬日圓（當時的金額）預算的大事業。我的知心好友司馬遼太郎評論這項事業是「日本史上空前的大工程」（司馬遼太郎著，《台灣紀行》）。

一九三〇年嘉南大圳完工之際，八田還是四十四歲的青壯年紀。當時在台灣進行的，卻是比戰後日本最大規模灌溉工程「愛知用水」還要大上十倍規模的大事業。對於八田的偉大，我同樣推崇備至。據說當水從八田建造的新水路流出時，住在嘉南平原的六十萬台灣農民感動到流淚，高聲歡呼「神水來了」，紛紛跑出來迎接新來的水。

這項歷經十年歲月才完成的大工程，計有一百三十四人罹難犧牲。嘉南大圳落成後，建立了殉工紀念碑，不分日本人台灣人，罹難者的名字全都刻在紀念碑上。

現在仍被用為灌溉水路的嘉南大圳。以烏山頭水庫為起點，呈傾斜狀，方便讓水流向海岸。（片倉佳史提供）

之後，八田被陸軍招聘為南方開發派遣要員。一九四二年五月八日，他搭乘大型客輪「大洋丸」前往菲律賓途中，客輪因遭到美軍潛水艇魚雷的攻擊而沉落海底，八田因此罹難，享年五十六歲。

三年後，日本戰敗，所有的日本人都必須離開台灣，八田的妻子外代樹卻追隨亡夫腳步，在烏山頭水庫的出水口跳水自殺，享年四十六歲。台灣人對於八田夫婦的惋惜與哀慟，綿延不絕。

從台灣高鐵的車窗口往外眺望已是台灣最大穀倉的嘉南平原，綿延不盡的青綠稻田盡收眼底。台灣人會永遠記得，那裡還長息著「嘉南大圳之父」八田與一的公義精神。

日本為何拋棄台灣？

話題回到電影《KANO》。在這部電影中登場的嘉義農林高中游擊手陳耕元（日本名：上松耕一）確有其人，是台灣卑南族原住民。一九九三年司馬遼太郎訪問台灣時，當時身為總統的我向司馬先生介紹了陳耕元選手的次子陳建年。

陳建年後來當上台東縣長。

司馬先生後來有機會與陳建年的家人聚餐。陳耕元選手的夫人，也就是陳建年的母親蔡昭昭也一起用餐。根據司馬先生所著《台灣紀行》一書的記載，蔡昭昭出生於一九二一年，比現年九十二的我大兩歲。她與司馬先生見面時，年紀已逾七十。司馬先生對她的印象是：「膚色雪白到令人眼睛一亮，偌大的瞳孔炯炯含光，讓人不禁聯想到『瑩』這個字。」

餐會結束後，司馬先生被她問到「日本為何拋棄台灣？」一時之間不知如何回答。日本為何拋棄台灣？司馬先生後來在書中寫道：「是因為接受了波茨坦宣言，不得不被迫放棄台灣。昭昭女士當然也知道此事。她所指的『拋棄』，也許是指一九七二年田中角榮首相執政時『日中建交』和『台日斷交』一事。可是，從世界局勢與亞洲現實情況來看，這也是不得已的選擇。」接著他繼續補充：「我可以想像，她當時提問的心情，應該是屬於倫理層次的問題。」

現在，大概沒有人會否認台灣是「世界上最親日的國家」這個說法。非但是經歷過日本統治所謂的日文世代，就連年輕一輩也有很多是親日派。但長久以來，台灣人對日本的感情，或許只是「單相思」。

想到日本戰敗後台灣因此而受盡苦難，我只能說日本人對台灣的態度是冷淡的。對於戰後的日本人，我也有一種很想要提「倫理層次」問題的心情。尤其是對於經歷過日本統治的日文世代的人來說，確實有人依然懷抱著錯綜複雜的怨懟情緒。

當二〇一一年發生三一一大地震，台灣捐給日本巨額善款之後，這情況產生了變化。台灣人的捐款據報多達二百億日圓，蔚為世界第一。還有許多團體聲援日本，大喊「日本加油」，展開各種支援行動。來自「鄰國台灣」的支援，讓日本人產生強烈的印象。這使得日本人再度意識到，那已經由歷史證實的，和台灣之間的「羈絆」。

以下我將述說我身為「日本人」所經歷的時代故事。二次大戰前的歷史，與戰後或目前台日之間所面臨的問題，在某些地方是有關連的。

選擇不逃跑的日語教師

一九二三年一月十五日，我出生於台北北部的淡水郡三芝庄（現在的新北市三芝區）。距離一八九五年四月清朝和日本簽署馬關條約將台灣割讓給日本，已經過二十八年。我長期接受「日本式教育」，對於我的人格養成具有莫大的意義。

如前所述，明治政府對於殖民地的經營首先從教育著手，這在世界上是絕無僅有的。台灣總督府成立於一八九五年，就在這一年，第一所日語學校在台北市士林成立，稱為芝山巖學堂。同年十月，第一屆有七名學生獲頒最一屆結業證書。

芝山巖學堂是台灣教育的發祥地，目前這一帶已經整建為芝山公園。背後聳立著日治時期稱為「草山」的風景名勝陽明山。芝山公園的石階有一百二十五階，日本前首相森喜朗來訪時，我曾擔任嚮導。我仍然記得，當時他揮動著龐大的身軀，氣喘吁吁地登上石階的模樣。站在山頂向下俯瞰，台北街景盡收眼底。這裡是日本觀光客不會前來、台灣人休閒的地方。

公園內祭祀的「六氏（六士）老師」，是從日本到台灣赴任半年多，即遭匪徒襲擊殺害的六名日語教師。他們是：楫取道明、關口長太郎、中島長吉、桂金太郎、井原順之助、平井數馬。

遇襲之前，當地居民曾規勸他們避難。在這種時候，明治時期的日本人有很

位於芝山巖學堂舊址（現今芝山公園）的遇難紀念碑，由伊藤博文揮毫立碑。

明確的應對之道。他們認為避難是貪生怕死的行為，回答「寧願光榮赴死，死得有價值」，結果真的不幸被匪徒包圍慘遭殺害。附帶一提，六氏老師其中一人，楫取道明，他是吉田松陰的侄子（母親是吉田松陰的妹妹，父親楫取素彥在松陰入獄後，擔任松下村塾塾長）。吉田松陰在松下村塾培育了許多明治維新的先驅志士，但他自己沒能親眼看到明治維新就去世了。楫取道明同樣是沒親眼見到台灣的近代化，就壯烈成仁。在此，或許有讀者會聯想到松陰的辭世。

身軀縱曝武藏野　白骨猶唱　大和魂

芝山巖學堂首任校長伊澤修二以「身無寸鐵」來形容他為了對台灣近代化有所貢獻，而遠赴異國任教的心境。接著他說，若自己也殉國了，便可將日本國民的精神示範給台灣子弟。伊澤是〈螢火蟲之光〉[1]、〈畢業歌〉等歌曲的選曲者。

事故發生時伊澤正好不在台灣。然而，六氏老師為教育奉獻犧牲的決心，成為「芝山巖精神」而傳頌至今。這成為支撐台灣「公眾教育」普及的一股力量。日本戰敗後，由伊藤博文揮毫紀念六氏老師的石碑（學務官僚遭難之碑），在國民黨政府從中國大陸來台後遭到破壞，我擔任總統時才予以修復。墓碑也在當地小學畢業校友的手中重建完成。自此，六氏老師的大和魂沉靜地安息在台灣士林這塊土地上。

日本統治下台灣人的政治運動

在日本統治之前，台灣人只學四書五經。日本在台灣引進公眾教育後，台灣人開始吸收數學、物理、化學、地理、歷史、社會等新知，而逐漸擺脫儒教的束縛。

一九二二年，先成立舊制高中台北高等學校，接著在一九二八年，台北帝國大學建校。台北高等學校就是現在的國立台灣師範大學，現在還看得到日治時期的校舍和講堂。而台北帝國大學是現在國立台灣大學的前身。我從台北高等學校畢業後，接著到京都帝國大學讀書，有些台灣人和我一樣會到內地[2]的大學就讀。

1 譯註：台灣翻譯成〈驪歌〉。
2 譯註：日本本土。

高等教育機構整建的同時，從醫學到農業、商業、工業，各領域的實業學校也成立了。台灣的菁英階層得以逐漸養成，社會變化與日俱增。受到日本教育的影響，近代觀念正式引進台灣，培養了守時、守法、金融貨幣經濟基礎、衛生觀念及企業經營等新觀念，逐漸打造出「新台灣人」的原型。

如此，近代國民意識得以養成的同時，台灣人也能夠知曉世界潮流。在一九二〇年左右，台灣人受到歐美思想的影響，開始成立各種社會團體，提出議會民主、政黨政治、社會主義、共產主義、地方自治、選舉、自決獨立等要求。此外，也有人提出「日本應該給予台灣人適當權利」的主張。抱持這些想法的台灣人在一九二一年成立了「台灣文化協會」，用來推動一連串的政治改革運動。

從結果來看，台灣人的政治運動因為受到總督府打壓，並沒有成功。但是就在這個階段，產生了「台灣人的台灣」這樣的想法，變成台灣人的共同主張。也可以說，戰後「對抗國民黨」的理念基礎，就是立基於此。

受困於自我意識的少年時代

我接受教育的時候，正處於這樣的時代氣氛。就我個人而言，家庭因素與我的個性，更進一步造就了我的人生觀和我的哲學思考。

家父因擔任警察經常調動，我讀公學校（台灣人子弟就讀的小學）期間便經歷了四次轉學，因此，很難交到朋友，變成了喜歡自己看書、塗鴉，非常內向、自我意識很強的小孩。每當我在學校與朋友吵架，大我兩歲的哥哥李登欽並不會因為是兄弟就袒護我，反而好言安慰對方，責怪我的不是。

我有時鬧脾氣，讓母親感到很頭痛。對於我這種個性，母親曾經教誨：「你的情感太豐富了，有些地方太固執，何不稍微理性一些？」於是從小我就意識到，應該更理性地處理自己內在澎湃的情感。

少年時期發生的一件事，讓我難以忘懷。

公學校四年級的時候，有一次到台北教學旅行。旅行前夕，我小心翼翼地告訴父親，一個一直不敢開口的願望：「爸，我想到台北買小學館出的《兒童百科事典》和數學書籍。」

作者就讀公學校（小學）入學時，1929年（日本李登輝之友會提供）

若以當時的貨幣來計算，約需四圓。而當時基層公務員的月薪只有三圓。父親回答：「這麼晚了，你臨時提出這要求，一時之間我無法準備那麼多錢。」我只好放棄買書的念頭。

隔天，我坐在巴士上，靜靜地等待出發。接著，聽到有人敲車窗的聲音。轉頭一看，竟然是父親。我問：「爸，怎麼了？」父親回答：「你買書的錢，我給你帶來了。」原來，父親找了很多親戚，湊足錢帶來給我。當下那種彷彿飛上天的喜悅，至今仍記憶猶新。

在《台灣的主張》裡我也提到這件事，後來很多日本人寫信告訴我說，他們也有同樣的經歷。可見當時的日本確實存在一股「教育熱」。

後來我從頭到尾仔細閱讀了父親幫我買的百科事典。結果，內心產生了一種「我什麼都知道」、「同學沒什麼了不起」的驕傲心態。在課堂上，我也會對老師說「老師，您講錯了」之類的話，是一個很臭屁的小孩。累積許多知識之後，過度膨脹的自我意識也讓我吃了不少苦頭。

我的母親非常溺愛我，一直到小學高年級的時候，還是常把我放在膝上和我聊天，漸漸地腦海裡會閃過「墮落」的念頭，自覺到：「再這樣繼續待在家裡，我可能會失去自我，就完蛋了。」我下定決心離家，但是我又不想讓母親難過。於是，我想到一個辦法，請求父母：「待在鄉下念小學恐怕無法升上初中，我想要到淡水鎮上讀書。」隨後我轉學到離家約十五公里遠的淡水公學校就讀。借住在老師和朋友家，嚐到「寄人籬下」的悲哀，同時努力充實自我。

淡水公學校畢業之後，我升學到淡水公學校高等科就讀。之後又到私立台北國民中學就讀，不幸在一年級時罹患傷寒，被迫休學半年。校長松田老師擔憂我的未來出路，便幫我辦好手續，直接插班基督教私立淡水中學二年級。

就讀舊制台北高等學校

我很感謝日本的教育與學校制度，讓我在少年時期就有很多機會接觸到古今中外先賢哲人寫的書，以及他們講過的話。只是上了中學之後，「我是誰」、「什麼是人」、「人該怎麼活」之類的疑問日漸困擾著我。

哥哥李登欽的存在，成了我的救贖。他加入地區的青年團，青年團的活動之一就是打禪。受到哥哥的影響，我開始閱讀鈴木大拙《禪與日本文化》之類的書籍，希望藉由打禪、苦行來超越自我。

別人討厭的事，我都率先去做。早上六點宿舍起床鐘一響，到七點用早餐之間約一個小時的時間，我就會去掃廁所。求學時累積了這樣的修練，後來成為領導者之後，就成了我寶貴的參考經驗。

中學的時候，我夢想成為畫家，拚命練習水彩、油畫、版畫。後來我將此事告訴翁倩玉（旅日台裔女歌星），她還把她自己製作的一幅大型版畫送給我。

我原本以為當畫家不需要學歷，後來偶然在一本參考書裡看到鼓勵考生的一段話：「想要好好讀書的話，請從舊制高校考進帝國大學。」坦然接受這句話之後，我報考了舊制台北高等學校（文科甲類）。考試當然是以日文問答，在小學時我就熟悉日文百科事典，中學時除了《古事記》、《源氏物語》、《平家物語》、吉田兼好的《徒然草》、本居宣長的《玉勝間》等主要經典之外，我還喜歡讀夏目漱石全集，對我來說，國語和漢文的考試完全不是問題。我一個台灣人把這兩個科目考到滿分，老師們似乎都非常驚訝。

影響我人生觀的書

台北高校一班共四十人。記憶中台灣人僅有三到四位左右。在學校的時候，我並不覺得曾遭受什麼歧視，反而感覺老師比較疼我，同學中也沒有人公開對我說過什麼奇怪的話。

在自由的校風受下，我樂於和同學討論，努力用功讀書。在舊制高校的課程中，英文書不用提了，就連法文書和德文書，也都是要求讀原著。哥德的《浮士德》、尼采的《查拉圖斯特拉如是說》等等，全都是讀原著。至於文法課什麼的，根本沒開。感覺是要你自己下功夫念好。

讀書需要時間。我在筆記本上逐一記錄讀了什麼領域的書，花了多少時間等等。有哲學、歷史、倫理學、生物學、科學。真的是這樣，各種有的沒的領域都讀過了。高中畢業時，光是岩波文庫的書我就擁有七百多本。

西田幾多郎的《善的研究》、辻哲郎的《風土》、哥德的《浮士德》與《少年維特的煩惱》、杜斯妥也夫斯基的《白癡》、托爾斯泰的《戰爭與和平》等，很多書都影響了我的人生觀。若真要選一本的話，我會挑十九世紀英國思想家湯瑪

台北高等學校畢業照，1942年。前排左四為作者。（日本李登輝之友會提供）

斯．卡萊爾的《衣裳哲學》。接觸到這本書的原因是在就讀台北高校的課堂上，被要求讀英文原著。容我稍微引用部分當年讀過的日文翻譯本。

「就這樣，『永遠的否定』對於我的存在，對於我的自我發出毫無保留、全面性的支配命令。然而，也正是此時，我的『全自我』動員起『上帝所賦予、最初始的尊嚴』，挺直腰桿，提出強烈的抗議。」

即使看日文翻譯也感覺艱澀難懂，但對於當時苦苦追尋「自我」、「關於死亡」真諦的我來說，似乎對其中大致的意思能夠心領神會。懷著一股更深入了解的衝動，我走遍台北市區的書店和圖書館，大量涉獵國內外相關書籍。不過，最終還是沒找到能說服我的理論，因而陷入了一種無計可施的困局。

直到有一天，偶然在台北市最大的公立圖書館——總督府圖書館裡，發現一本《講義錄》。那是任職台灣總督府，對台灣製糖業發展有卓越貢獻的新渡戶稻造所撰寫的。每年夏天，新渡戶都會召集一些在台灣製糖業工作的有為青年到輕井澤上課。主要的教材就包括卡萊爾的《衣裳哲學》。

我反覆閱讀著已經泛黃、變色的《講義錄》，終於理解以前讀原著時所無法充分體會的「從永遠的否定昇華為永遠的肯定」之涵義。

精讀了這本誠懇又詳盡的《講義錄》之後，我從少年時期一直思索，隱藏在內心深處的「人為何會死」、「生是什麼」之類的「memento mori」（記住人將會死亡，拉丁語）——也就是對於生死觀的疑問，至此終於盡數得到化解。

此時，我打從心底由衷敬佩起新渡戶稻造這位偉大的日本人。這份感動對於我後來的人生產生極大的影響。我也想了解新渡戶昔日專攻的「農業經濟」這個領域，於是我毫不猶豫地決定，日後一定要讀京都帝國大學農學部農林經濟學科。

「武士道」——日本人對精神的道德規範

準備進大學的過程中，從新渡戶在農業經濟學的代表作《農政講義》，到他的各種著作和論文，我都仔細精讀。其中，我也接觸到他在國際上享有高度評價的《武士道》。從此，我對新渡戶更是佩服得五體投地。

《武士道》的作者在回答「日本人如何實施道德教育」這個問題時，解析了日本人的精神，同時也解析卡萊爾那晦澀難解的西洋哲學。一方面像是在描繪雍容氣度與人的深度，另一方面也顯示了新渡戶身為「國際人」所擁有的寬廣世界，令我非常感動。

我認為新渡戶所說的武士道，正是日本人的精神和道德規範。那不僅是精神、生命的結論，同時也是日本人的心境、氣質和美感觀念。可以說，那是勇氣與決斷力的根源所在，同時也是一種凝視生與死的美學或哲學。

然而，現在提到武士道，往往會被視為違反人道、反民主的，封建時代的亡靈。究其原因，這是因為日本人全面否定「戰爭這個『過去的歷史』」，是自虐價值觀作祟的緣故。

現在造成日本人困擾的凶殘犯罪橫行、校園亂象、青少年不良行為、失業率增加、官僚腐敗、領導階層推諉責任轉嫁他人等，諸般幾乎動搖國本的問題層出不窮，這是在以前「以武士道這樣的道德規範做為國民精神支柱」的時代裡，絕對看不到的現象。我不得不說，否定武士道對日本人來說絕對是莫大的打擊。

在《武士道》中，新渡戶列舉「義」、「勇」、「仁」、「禮」、「誠」、「名譽」、「忠義」為武士應該具備的道德項目。或者說，《武士道》特別重視和強調身體力行，實踐這些道德項目。空口白話無法清楚說明，所以才成為「道」。因此，唯有從實踐中學習，別無他法。

新渡戶自己就是重視身體力行的人。當後藤新平聘請他到台灣時，他正在美國，身體狀況並不好。但他到台灣赴任之後卻是拚了老命，為台灣糖業發展殫謀戮力。

人生只有一回，如何能將人生變得有意義進而肯定其價值？「不為一己之『私』，而是為大眾之『公』來工作」這個觀念的重要與珍貴——這就是年輕時我從卡萊爾的《衣裳哲學》及新渡戶的《武士道》學習到，進而獲得救贖的人生價值。

「做為決戰下學員」志願當陸軍

或許因為我原本就喜歡讀歷史，就讀台北高校時，一直想著將來要成為西洋史老師。但是，在當時的殖民地政策下，台灣人是不可能成為老師的。類似這種「內地人與台灣人之間的差別」，確實存在。所以，我才會（如前所述，也受到新渡戶影響）選擇鑽研農業經濟。上了台北高校塩見薰老師的歷史課之後，我覺得中國史很有趣，就興起畢業之後要去滿州，到滿鐵調查部工作的念頭。

然而，戰爭終究波及了台灣，我提前半年從台北高校畢業。畢業前夕，我接受《台灣日日新報》的採訪。這家報社是台灣日治時期發行量最多的報社，在一九四三年（昭和十八年）六月二十八日刊登了我的專訪內容：

對於「決戰下學員的決心」之問題，台北高校三年文科本島人學生岩里君回答如下。

身為決戰下學員，我們最殷切的想法是，無論如何都要在大東亞戰爭[3]中獲勝。簡單地說，做學問這件事最重要的，就是為了要完成國家目的——長久以來為了做學問而做學問的想法，是絕對要拋棄的。

校園內至今仍流行的「弊衣破帽」[4]，現在看來是過時的前朝遺物，個人深覺，我們需要的是新的作風。不過，高中生比較內斂，不太會對外清楚表明自己的想法，雖然其內心也是強烈支持，我是這麼認為。

現在台灣也實施了陸海軍特別志願兵制度，我向父母稟告過了，大學法科畢業之後就志願入伍。我相信，軍隊的制度是我們鍛鍊自我的地方，在軍隊裡我們可以忍受各種苦、磨練自己，以達到明鏡止水的境界。過一陣子我會到內地，想在那裡研究禪，因為禪與日本文化有很深的淵源。

被稱為過渡時期知識階層，最缺乏的就是力量，就是領導力。即使是現在，帶領人民向前的不是哲學，也不是理念，而是人民的活力。感覺上，學問落後在人民活力後面了，而我們需要的，是能夠成為「人民活力的原動力」的學問。

我認為，軍人不讀現在的哲學了，這是現代學問的危機。說起來，本島最基層人民對於大東亞戰爭的理解，還不算很充分。若要啟蒙這群人，我認為對本島人實施義務教育是最有效的方法，有幸實施義務教育時，絕對是值得慶賀的一天。結論是，教育與徵兵制是本島人蛻變為日本人的關鍵。

報導的第一行寫著「岩里君」，正是我的日本姓。當時，我的日本名字叫岩里政男。此外，雖然我說：「身為決戰下學員，我們最殷切的想法是，無論如何都要在大東亞戰爭中獲勝。」其實我入學京都帝國大學之後，僅僅讀了一年兩個

3 譯註：第二次世界大戰。

4 編註：日治時期享有社會賦予特權的高校生，以「放浪形骸」、「不修邊幅」著稱。故意身著「敝衣破帽」，腳踏高跟日式木屐闊步行走，長髮、蓬髮、腰際繫條長手巾，秋冬加件黑色斗篷，這就是高校生的一般配備。

月就放棄學業，進入陸軍。這既不是所謂的學員動員，也不是徵兵，完全是自己決定自願入伍的。

戰後我成了基督徒，當時受到日本教育的影響，是徹底的唯心論者，自認為了解「死」是怎麼一回事。「武士道的真諦，就是發現死是什麼」——正如《葉隱》的精神，為了自己的國家，就算戰鬥到死，也無怨無悔。對一個接受日本統治時代教育，並且成為志願士兵的台灣青年來說，這是極為自然的想法。

當我被分發到大阪師團，便立即被派到位於台灣高雄的高射砲部隊。當時我打算以步兵的身分遊走到最前線，和「從少年時期起，一直苦惱著我的那個生死問題」正面對決。但是，我這個學員兵的願望未能實現。高射砲部隊沒什麼砲擊任務，空閒得很，我甚至讀了當時在日本列為禁書的雷馬克《西線無戰事》等書。

在軍隊時，有時被反覆摑掌，或被迫洗丁字布，但我並不記得有什麼特別嚴苛的待遇。在高雄的時候，甚至還受到高等工業學校畢業的中隊長特別關照。眾多新兵中，他會特別把我叫到房間，請我吃飯，對我說很多話。我們甚至還一起研究了砲擊時可派上用場的「三維數學」……。

海軍特別志願兵哥哥留給我的話

一九四三年，海軍特別志願兵制度適用於台灣，報考的人蜂擁而至。我哥哥就是第一梯次的志願兵。以下是《台灣日日新聞》（昭和十八年九月二十二日）刊登採訪我哥哥（日本名：岩里武則）的報導。

岩里武則君（二十二歲）台北市下奎府町四丁目＝武則君在大正十年生於台北州三芝庄新少基隆，淡水高等小學畢業後一直幫忙家業，昭和十七年八月受命為台北州巡查，服務於北署轄下太平町三丁目派出所，是一位個性開朗活潑的年輕巡查。當錄取第一梯次志願兵的消息傳到武則君位於下奎府町的家時，他在妻子奈津惠（二十二歲）、孩子美智子（四歲）、憲昌（二歲）面前，以非常感動的神情說：

「報名的時候，我本來就有自信會考上海軍特別志願兵。如願以償後，內心還是欣喜無比。當然，在後方身為維護治安的戰士，為國效力，同樣是在奉公。但可能的話，我還是希望能在第一線盡展所能為國家效力，現在終於如願以償

作者與胞兄李登欽（左）合照，1943年（日本李登輝之友會提供）

了。而且我能夠加入無敵帝國海軍，在光榮的軍艦旗下從事擊潰英美的工作。我這輩子從未如此興奮過。從今而後，我只祈求成為堂堂帝國海軍報效國家的那天能夠早日到來。」

一九四四年，哥哥被分發到高雄附近的左營海軍基地，利用週日休假來找我。兩人一起到相館拍紀念照，這也是我最後一次見到哥哥。

當時，他只對我說了幾句話：「我會被派駐到南方某個港口。你應該很快會去日本吧。那麼今天就是我們最後一次碰面了。」所謂南方，就是菲律賓的馬尼拉。但他沒告訴我具體的去向，以免觸犯軍機。

當年，我哥哥是最優秀的巡查，任職於台灣最大的警察署。為了當兵，他拋棄了原來的職位，留下年輕的妻子和年幼的孩子離家而去。究竟當時他是抱著什麼樣的心情？儘管到今天，距離哥哥陣亡已七十年，我內心還是無法理出頭緒。但是我知道，當他說「要成為堂堂帝國海軍，報效國家」的時候，心裡是認真的。那時，我和哥哥都很年輕。一心懷抱著為國家挺身作戰、光榮赴死的理想。然而，理想與現實之間，確實存在著很大的距離。如今，這是我唯一能和大家分享的結論。

在青島第一次看到中國人的模樣

在高雄與哥哥分手後，我搭乘運輸船從基隆出發。為了躲避潛水艇的攻擊，運輸船沿著中國大陸、朝鮮半島外海的淺灘航行，朝日本前進。抵達門司港時，已是我從基隆出發後的第二十一天。

中途一度停靠青島，那是我第一次看到中國人。他們群聚在碼頭，臉和身體都很黑，看起來像是好幾年沒洗過澡。我在青島停留約一週，心裡開始不安地想著：「日本與中國展開戰爭，無異是犯下大錯。」眼底所見，中國人顯然過著極低水準的生活。衛生觀念等等，和日本人天差地遠。與生活條件如此嚴酷的民族打仗，應該不會贏吧。我認為，昭和時代的政治家和軍人若能多了解中國的文化、社會和民族性，應該就不會發動那場戰爭了。

在東京大空襲中奮戰

一九四五年二月，我到位在千葉縣稻毛的陸軍高射學校，接受所謂的預備士官教育。很快地，三月十日的一場大戰役即將到來。那就是東京大空襲。面對B-29大隊空襲帝都東京，我們的部隊不斷以高射砲猛烈回擊。在日本幹部候補兵一片慌亂之際，我這早已習慣防空實戰的台灣人顯得驍勇善戰。燒夷彈碎片劃過我的鼻子，不過運氣很好，只是輕傷。在這場戰役中，直屬高射學校的小隊長陣亡了。我立刻挺身而出，代替他扛起指揮工作。

隔天就接獲命令前往東京東部，負責整理被炸區域和災民的救濟工作。災區工作最重要的就是確認死者名單。當時我才了解到，坐鎮現場指揮的重要性。這段經驗後來在我擔任總統，處理一九九九年的九二一大地震時也派上用場。

之後，我被分發到名古屋部隊，那裡也是受到美軍猛烈轟擊的地區。尤其是美軍最後一次轟炸名古屋的那天，將附近工廠炸到片瓦不留，現在回想起來真是悲慘至極的景像。名古屋城一帶被美軍炸成一片焦土，我們只能在城的後方搭起帳棚，野營過生活。

專注閱讀胞兄李登欽的「祭神之記」(日本李登輝之友會提供)

我的確聽到了八月十五日的「玉音放送」。播放的聲音很小，內容聽不清楚。旋即長官宣布，日本已經投降了，戰爭結束了。坦白說，我記得當時的反應是鬆了一口氣。不過，完全不清楚以後日本會變成怎樣。兩三天後，我提出要求回京都，長官很快就批准了。回到京都帝國大學之後，沒幾天便收到通知，要我去領退休金，一筆可以讓我在日本生活一年的大數目。可是，家鄉的祖父不斷催促我趕快回家。我也非常擔心故鄉的情況。

胞兄陣亡六十二年後，靖國神社兄弟再會

京都一帶台灣人並沒有準備返國的規劃，同時期在東京則有台灣友人聚集在一起，計畫從浦賀[5]返國。於是，我決定到東京，借宿在新橋車站附近同樣來自台灣的陳姓友人家，等待搭船出發。附近都是廢墟，只有陳先生的家孤單矗立著。

5 譯註：神奈川縣橫須賀市東部。

一九四六年四月，我平安返回故鄉三芝庄與祖父母及雙親會面，卻完全沒有哥哥的消息。而且，來幫傭的女性親戚說了一件很不可思議的事。她說：手拿軍刀，滿身血淋淋的哥哥站在蚊帳外面，看著大嫂細心呵護長大的孩子們。後來聽說這位幫傭女生回到老家之後，不久就過世了。

我想，哥哥回家的時間很可能就是他陣亡的那一天。我好想再見到哥哥，每天晚上都不睡覺，一直等著哥哥的靈魂出現。原本七十二公斤的體重，一下子消瘦到六十公斤。但不管等多久，哥哥的靈魂始終都沒出現。或許是因為身心俱疲，母親不到半年就罹癌病逝，連祖父也因為肝臟出問題而過世了。父親雖然活到天壽九十五歲，因為一直沒看到哥哥的遺骨送回來，到去世那天為止，他始終都不相信哥哥已經死了。由於父親沒有幫哥哥立墳墓，我們家人也就沒辦法祭悼哥哥。

二〇〇七年六月七日，哥哥陣亡後的六十二年，我終於在靖國神社見到哥哥。哥哥是海軍陸戰隊員，在馬尼拉之役負責斷後，不幸為國犧牲。

能夠在靖國神社哥哥的靈前深深鞠躬，祈求哥哥在天之靈安息，讓我感到非常欣慰。終於可以和感情深厚的哥哥靈魂相會，我感到盡了做人該做的義務。國內外記者把我團團圍住，提出很多問題，我回答：「我家裡既沒有哥哥的牌位，也看不到哥哥的墳墓。我最敬愛的哥哥因為戰爭而去世，被奉祀在靖國神社。光是這點，我就很感激了。如果是諸位自己的親人被奉祀在這裡，你會怎麼做呢？」之後，大家就沒話說了。我想，他們也能了解我的心情。來靖國神社參拜，畢竟是我身為家人、身為一個人該做的事，我不希望有人以政治或是歷史問題的角度來看待。

二〇一三年，我生了一場大病，開始意識到剩下的時間極為有限。或許是因為如此，想起哥哥的時候變多了。為何哥哥一定要留下妻子與年幼子女，選擇赴死？他死的時候，臉上是什麼樣的表情？為什麼死的是哥哥，而不是我？想著想著，我曾經在半夜醒過來，忽然哭了起來。我不知道為什麼，自己對哥哥的思念比起對父母的思念，還要來得強。我想，是因為我們兄弟的感情真的太好了。

人死後，靈魂到了哪裡？這是很難回答的問題。再怎麼努力思索，也不容易找到答案。日本人怎麼思考靈魂的問題？有別於美國的阿靈頓國家公墓（Arlington National Cemetery），靖國神社並沒有安置遺骨，安置的只有靈魂而已。放眼世界，這難道不是特例嗎？有人說「神道是心靈之鏡」（新渡戶稻造，《武士道》）。那麼，或許可以說，哥哥的靈魂就存在於日本人的心中。我由衷感激日本人將哥哥奉祀在靖國神社。

日本應該更重視英靈

出征大東亞戰爭的台灣人，包含傭員和雜役共計二十多萬人。現在被奉祀在靖國神社的台灣人英靈，卻只有兩萬八千人。遺憾的是，很多日本人並不知道這件事。說起來，奉祀在靖國神社的人，不都是一些為國捐軀的人嗎？不論他們是來自台灣，還是來自朝鮮，同樣是做為日本士兵，為國家犧牲自己性命的一群人，平常就把「死了之後，在靖國相聚吧」這句話掛在嘴上。他們絕對想不到，會遭到國家的背叛。

靖國神社的英靈，每個人都有他們的家人，如果還在世的話，或許已經為國家做出卓越的貢獻。家族及國家的領導人，如果都不去慰問這些英靈，那麼該由誰要來慰問呢？日本首相參拜靖國神社是天經地義的事，外國人沒道理說三道四。日本應該更加重視這些英靈。

關於靖國神社的問題，容我繼續建言的話，我建議由皇后陛下邀請天皇陛下

在靖國神社的御靈祭獻燈儀式上，揭開李登輝前總統親筆揮毫的「懸雪洞」。

一同前往參拜，應該是不錯的方式。皇后陛下「從民間嫁入皇室的辛勞」，在其尊容中猶如年輪般深刻刻印。就像在二〇一一年東日本大震災[6]進行慰靈之際，皇后陛下偎依在天皇陛下身邊的樣子，也讓許多日本國民內心獲得療癒。昭和天皇時代，許多人在第二次世界大戰中喪生。容我贅言，個人認為，應該更加重視這些人的英靈。

台灣也有奉祀陣亡士兵的忠烈祠。總統就不用說了，所有的官員、軍人在每年春秋兩次都要前往參拜。原本是國民黨政府從中國大陸逃亡到台灣後建立的，幾乎都是對日戰爭及國共內戰陣亡的國民黨軍人。坦白說，和我們現在的台灣人一點關係都沒有。但是身為人，基於博愛而去慰靈，是國家的基本立場。

近代日本失敗的原因

戰前日本在邁向大國的過程中，犯下重大的錯誤。幾百萬人民因此喪生，對於當時政治領導者的素質，理所當然會產生懷疑。

為何日本會貿然走向戰爭？在此我們要說明的，出乎意料之外，竟與台灣有些關連。在磯永吉與末永仁兩位日本農業技術人員的努力下，台灣在大正末期成功種植出蓬萊米。後來，廉價的台灣米輸入日本，日本農民的生活因而變得困苦。貧困農民販賣女兒的情形層出不窮。出身農家、對貧富差距感到不滿的青年軍官於是發動了「五・一五」和「二・二六」事件。若我是當時的領導者，會首先從改革農村著手，但日本卻將國內矛盾的解決方案轉向大陸外求。這就是近代日本失敗的原因。

日本向美國開戰，是魯莽的決定。南邊往索羅門、瓜達爾卡納爾、新幾內亞，西邊往緬甸擴大戰線，這已經不是武器生產與財政能力所能負擔的範圍。當時我也這麼認為。

從結論來說，偷襲珍珠港等於接受了美國的挑釁。藉由少數的犧牲，高舉戰爭的正義大旗。這和一八三六年德克薩斯想從墨西哥尋求獨立的阿拉莫戰役（Battle of the Alamo），是如出一轍的模式。這是美國歷史上反覆上演的戲碼。

戰前日本隨著時代的變化，已經沒有像後藤新平、新渡戶稻造這樣具備長遠

6 譯註：又稱三一一大地震。

眼光，而且能捨棄私心戮力政治的領導人，因此造成昭和時代的悲劇。

向新渡戶稻造與後藤新平學習「信仰與信念」的重要性

新渡戶稻造也是虔誠的基督徒。在他就讀的札幌農學校，是以威廉・克拉克博士所說的：「物質發展和近代化當然有其必要，但是，建設國家的根本仍在於人。因此，最重要的是人的精神的成長和發展。」這個堅固信念為基礎，施行倫理教育。受到感召的新渡戶，很自然就接受了基督教的洗禮。

至於我，也是基督徒。一九八八年一月，蔣經國總統猝逝，我繼任台灣總統的十二年間，簡直一天也不得閒。我沒有人可以依靠，沒有派系可以當後盾，也缺乏情治機關和軍方的支持，我什麼都沒有。但我有基督教這堅強的信仰。因為有信仰，讓我能夠擁有信念，排除萬難，實現台灣的民主化。

我常主張「領導者一定要有信仰」，原因就在於此。如果沒有堅強的信仰，對於各種問題容易產生疑慮，想突破卻又感到遲疑。唯有信仰，才能成為支撐領導者信念的原動力。

就像後藤新平在台灣擔任民政長官之外，後來也當過東京市長、滿鐵總裁。我也是歷任台北市長、台灣省主席，有很長一段時間全力投入都市經營與農村建設。而且，我是以後藤奠定的基礎為本，摸索台灣新的方向，促進台灣的民主化，可以說和後藤有一定的關聯性。

雖然我並不知道後藤的宗教信仰是什麼，但我能想像，他一定有某種信仰。也許不是宗教，也許是對天皇的忠誠，也許是類似對國家的信念也說不定。做為人，如果不能信仰某種超越人的東西，應該就無法保持堅定的心了，不是嗎？

民主社會的領導者絕對不能被個人或者權力所左右。身為領導者最需要的，是捨棄「私」心，為「公」眾服務的精神。用我的話來說，就是「我是不是我的我」的信念。對於現在的台灣，最重要的是，以「公」、「私」界線分明的武士道倫理觀為主軸，來重建我們的社會。

新渡戶稻造與後藤新平，這兩位日本人讓我學到「要擁有堅強信念與信仰心」。我感覺我們在精神上是相連的。他們是台灣近代化的恩人，同時也是「我的老師」。真希望現在的日本和台灣，能出現兩三位像後藤先生和新渡戶先生一樣的領導者。

第二章

邁向台灣民主化的道路

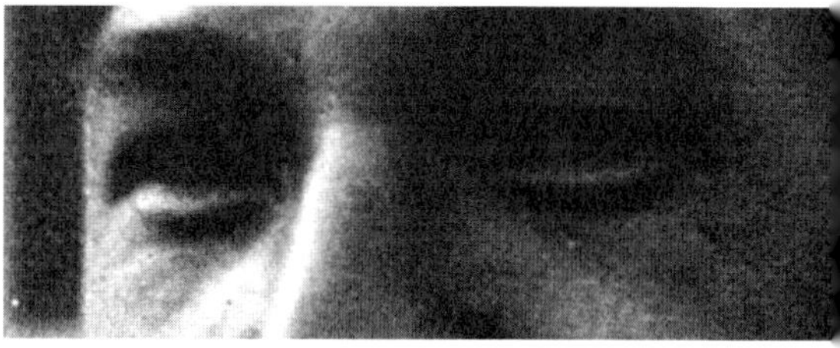

返鄉船上的騷動

上一章提到我在名古屋聽到玉音放送之後，到東京新橋台灣出身的陳先生家借住。在那裡，結識了許多旅日台灣人。其中一位是東京帝國大學經濟系畢業，就讀於研究所的作家邱永漢（一九二四年生於台南市，一九五五年以小說《香港》榮獲直木獎）。另一位是東京大學法學部（法律系）畢業後進入大藏省（現在的財務省），後來擔任群馬縣專賣局高崎支局長的朱昭陽。朱昭陽是台北市延平學院（現在的私立延平高級中學）的創辦人，後來擔任合作金庫銀行的常務理事。

當時在東京的台灣人成立了「新生台灣建設研究會」（一九四五年十月成立），彼此之間有橫向聯繫。聚在這裡的台灣人平常就會舉辦《資本論》讀書會之類的活動，左翼傾向強烈，我也受到影響。

一九四六年一月，搭載台灣人的船終於從浦賀出發，我與一群當過日本海軍工員的台灣少年工一起回去台灣。我在船上一直在讀書。好像是讀德文或英文書，已經記不得了。但很清楚，我當時不太與其他人互動。或許是因為失去人生方向的緣故。途中有一名病患在九州的唐津下了船，載我們的船隨後平安抵達台灣基隆港。

為了調查是否有傳染病，我們的船隻被迫在基隆港外海停留逾一週。當時我們從船上看到，岸邊倉庫寫著「以三民主義建設新台灣」幾個字。那是從大陸跨海來台的國民黨寫的。然而，當我在基隆上岸之後，一眼就看到市容一片荒涼的景象。那是日本戰敗之後，台灣人被迫面對的，新的「悲哀」。

當時有人作證，我們搭乘的船隻被迫停留在基隆外海時，台灣少年工因不滿船上的伙食等問題，引起口角爭執。然而，事情的真相並非如此。船上有一對年輕、學生裝扮的台灣夫妻，妻子遭到美軍士兵的調戲，她的丈夫很氣憤，因此產生嚴重的口角爭執。當時安排船隻的是日本政府，搭船的是台灣人，管理的是美軍，這個事件就是在這麼複雜的情況下發生的。無論如何，爭執的原因不是台灣少年工。為了他們的名譽，我必須在此特別澄清。

戰爭時期台灣少年工負責製造的，包括有海軍短距離戰機「雷電」。也有很多少年工死於空襲。戰後他們成立台灣高座會，對台日的交流貢獻良多。後來，會長李雪峰甚至榮獲日本政府頒贈「旭日小綬章」。

「狗去豬來」

一九四五年九月，中國國民黨任命陳儀為台灣省主席。原本台灣人準備歡迎國民黨的軍隊進軍台北，但是當他們看到國民黨軍隊身上穿的破舊軍服，感到很錯愕。因為台灣人已經習慣日本軍隊紀律嚴整的行軍，對他們來說，國民黨軍隊的行軍太雜亂、太沒紀律了。日本被迫放棄對台灣的統治權，台灣因此成為中華民國的一省。從這個時候開始，之前住在台灣的人被視為「本省人」，剛從大陸來的人則被稱為「外省人」。

台灣被納編為中華民國的一省，新設了台灣省行政長官公署來取代日本的台灣總督府。但是，重要職位都被大陸來的外省人獨佔，本省人只能從事基層職務。日治時期台灣人所無法想像的貪汙開始四處橫行，惡性的通貨膨脹導致經濟混亂等等，社會整個大亂。

不久後，民間出現了「狗去豬來」這句話。狗是指戰前統治台灣的日本人，豬則是指來自大陸的中國人。狗吠雖然令人覺得吵，但作為看門狗，還是可發揮作用，就像東京澀谷那隻忠犬八公銅像那樣。相較於來自大陸的中國人，日本人還算誠實，好太多了，因此用狗的比喻表現台灣人的感嘆。

國民黨接收台灣之後，採取「去日本化」的政策，實施反日教育。令我感到很氣憤的是，再也不能使用日語，我習慣用日文寫字、思考，這讓我吃足苦頭。忽然被要求講北京話（中文），也講不出口。國民黨在台灣灌輸中國觀點的歷史文化，企圖將台灣人變成「中國人」。

將台灣人推入恐懼深淵的二二八事件

國民黨不允許台灣人自治的粗暴式統治，讓台灣人非常憤怒，最後終於爆發了震撼全台的大事件，就是二二八事件。

一九四七年二月二十七日下午七點左右，一位販賣走私香菸的四十歲寡婦在台北的太平町（現在的延平北路），遭到專賣局台北分局的取締官和警察沒收香菸和販售所得，並且被他們以槍柄毆打頭部。周遭民眾見狀後憤怒萬分，騷動逐漸擴大，取締官開始對民眾開槍，有人因此死亡。隔天二十八日，抗議的民眾遊行示威走向行政長官公署，國民黨士兵竟然對廣場民眾開槍掃射，造成許多人死

追悼二二八事件罹難者的紀念碑（台北市）

傷的慘劇。

二十八日下午兩點過後，憤怒的民眾開始聚集在新公園（現在的二二八和平公園），進入台灣廣播電台（現在的台北二二八紀念館），播放抗議的聲明。結果，騷動隨即擴大至台灣全島。

陳儀長官研判可能會招架不住，表現出要與本省人組成的「二二八事件處理委員會」對話的姿態。我也出席了在台北的會談，但我立即意會到，那不過是陳儀等待大陸援軍到來的拖延戰術。實際上，在會議上大膽發言的人，後來都陸續被逮捕了。

三月八日，接獲陳儀救援請求的國民黨軍隊從基隆和高雄登陸，開始在各地進行武力掃蕩與鎮壓。當時的台灣菁英階層（日治時期接受高等教育者）為首，逾二萬八千人遭到虐殺，台灣人被推入恐懼的深淵。因為事件開端發生在二月二十八日，故稱為二二八事件。

二二八事件真相的調查，是一九八八年我擔任總統以後的事了。一九九〇年十一月，行政院（相當於內閣）招聘學者進行調查研究，成立了「二二八事件專案小組」及「研究二二八事件小組」，將事件的真相公諸於社會。同時為表達對罹難者的哀悼之意，籌劃建立紀念碑。

一九九五年二月二十八日，我以總統的身分向罹難者家屬道歉，並決定由政府支付補償金。其實，我自己也是二二八事件的受害者。很有可能會被國民黨逮捕、甚至槍殺。能夠活下來，我只能說自己「很幸運」。但是，歷史的傷口必須撫平。我代表政府向人民道歉，並呼籲記取歷史教訓，以寬容的大愛撫平悲傷，恢復彼此的信賴。二二八紀念碑絕對不是充滿悲情的「嘆息牆」。對我們而言，這是社會重整、回復人性，再出發的原點。

與朋友合作經營二手書店

從日本搭船回到台灣，我考慮重返學問的道路，於是插班進入台灣大學農學部農業經濟學系。當時我住在舊台北鐵路的古亭町車站附近，是日治時期遺留下來的鐵路用地屋舍。之前在日本曾經收留我住宿的陳先生，也和我在一起。

當時，我提議在台灣大學成立學生自治會。但因各學院意見不同，很難一起開會討論。後來決定，先彙整各學院意見，再召開由理事長主持的聯合會議。我則是擔任農學院的理事長，負責指揮學生運動。就連反對政府的示威活動，我也都站在最前頭。

此時，為了生計，我和幾位朋友合作經營二手書店，地點位於現在行政院對面的中山北路上。為了躲避美軍空襲，那地區曾在二次大戰期間實施疏散，因此路上沒什麼人和車。我提供了逾七百冊岩波文庫的藏書，賣到一本也不剩。當時實在太缺乏物資了。以販售日文二手書賺得的錢，我從上海購買中文書來出售，靠這種方式，勉強做成生意。但後來經營得不太順利，幾年後就關門了。

我和共同經營二手書店的朋友，一起成立了政黨「新民主協會」。雖說是政黨，卻沒有什麼黨魁，而是大家一起討論，決定辦什麼活動。朋友之中，有一位是共產黨員。他弟弟也受到他影響，加入了共產黨。有時大陸的共產黨會來聯繫，新民主協會就完全被共產黨吸收了。此時，我選擇與新民主協會斷絕一切關係。

根據馬克思的說法，資本主義高度發展的國家才會發生革命。當時的中國距離那樣的階段還很遙遠。也還沒孕育出足以擔當革命大任的勞動階級。那時我察覺到，中國共產黨不過是為了施行皇帝式的獨裁政治，而把馬克思主義拿來歌頌利用罷了。

台灣被視為親中國大陸的媒體《中國時報》報導過我的假消息，說我曾經兩度加入共產黨，兩次退黨。像共產黨這麼恐怖的組織，加入後不可能全身而退。這完全是空穴來風的報導。

共同經營二手書店的好友中，有一位在白色恐怖中罹難了。他的遺子為了瞭解父親的過去，曾經來找我幫忙，那是在我卸任總統以後的事了。

長達三十八年的戒嚴令

一九四七年四月，大陸南京的國民黨追究二二八事件的責任，罷免了行政長官陳儀。同時廢除長官公署，成立台灣省政府。後來陳儀被視為準備背叛國民黨投靠共產黨的叛徒，而遭到槍斃。

一九四九年五月二十日，台灣省警備司令部以維持治安的名義，發佈戒嚴令。限制言論、出版、集會、結社等自由。直到一九八七年七月十五日，才解除這道實施了三十八年的戒嚴令。時間之長，史無前例。能想像台灣人被迫長期活在不安與恐懼當中的痛苦嗎？我自己也曾度過因白色恐怖而無法安眠的日子。

國共內戰的結果，中國共產黨獲勝。一九四九年十月，中國共產黨宣布建立中華人民共和國。國民黨政府與國民黨軍隊從中國大陸逃到台灣。自此，以「反攻大陸」為國策的國民黨建立了獨裁體制，對多數異議份子進行逮捕下獄、殺害等，反覆進行迫害。

二度留學美國

即使在白色恐怖橫行的年代，我都未曾放棄做學問來充實自己的夢想。一九四九年夏天，我受聘為台灣大學農學院助教，從此走向農業經濟學者之道路。

一九五二年三月，我留學美國愛荷華州立大學，取得碩士學位。翌年四月，搭乘菲律賓航空返國時，因沒有返國證而無法入境台灣，在馬尼拉停留好幾天，被菲律賓警備司令部限制行動。我納悶著為何拿不到返國證，感覺生命受到威脅，所幸最後平安回到台灣。國民黨似乎認為我的「思想」有問題，把我列為長期監控的對象。

留學美國愛荷華州立大學時期（日本李登輝之友會提供）

雖然如此，我從美國返國後，還是擔任台灣大學的講師。一九五七年四月，我升任為副教授，更加認真埋首於研究。

一九六一年，我開始信仰基督教。我認為四大因素造就了現在的我，包括「與生俱來的個性」、「日本精神」、「台灣精神」、「基督教」，而引導我走向信仰之路的，正是我的妻子。

到愛荷華州立大學留學以後，我一直想再回到美國讀書。歷經十三年後才完成我的心願。洛克菲勒大學與康乃爾大學的聯合基金聘請我之後，國民黨才同意讓我出國留學。當時我已逾四十不惑之年了。

一九六五年到六八年間，我住在康乃爾大學所在地紐約州的綺色佳（Ithaca）。當時美國受到民權運動以及反越戰的影響，社會動盪不安。一九六八年四月，主張解放黑人的馬丁・路德・金恩（Martin Luther King）牧師遭到暗殺。金恩牧師並非從外部，而是從內部促進黑人意識變革，是偉大的領導者。我體悟到，民主主義才是促進社會和平轉型的原動力。不過，我當時完全沒想到，自己後來竟然會成為政治家。

與蔣經國面談後加入國民黨

一九六八年五月，我取得康乃爾大學農業的博士學位，隨即返國擔任台灣大學教授。我在康乃爾大學的博士論文《一八九五到一九六〇年，台灣農工部門間的資本流通》（Intersectional Capital Flows in the Economic Development of Taiwan, 1895-1960），獲頒一九六九年全美最優秀農業經濟學獎。此事經美國和台灣的媒體報導，讓我一夕成名。

有一天，我突然被警備總司令部找去，每天從清晨到深夜，遭受長達一個禮拜的盤問。問我在美國做些什麼？就讀台灣大學時從事什麼活動？等等類似的問題。我也被要求簽署筆錄。最後，調查員說了一句令人不可思議的話：「只有蔣經國才會用你這種人。」

不久後，王作榮（一九一六年生於中國湖北省）邀請我加入國民黨。王作榮歷任《中國時報》主筆、台灣大學教授等職務，在我當總統時，他是總統府資政。他帶來入黨申請書，要求我簽名。他說：「看來，蔣經國日後會用你。如果你不加入國民黨的話，將無法出席重要會議。有些事情不參加會議，是不會知道

委員的身分致力於農業政策。

一九七二年，日本與中華人民共和國建交，與台灣斷交。也就是說，就在這一年，日本「拋棄台灣」。不過，我早已有台日斷交的心理準備，所以能夠淡然接受這個「沒辦法的事情」。或許也是因為當時我滿腦子都在為台灣農民著想的緣故。

一九七五年，蔣介石在總統任內去世，依中華民國憲法的規定，副總統嚴家淦繼任為總統。一九七八年嚴家淦總統代理任期屆滿，蔣經國副總統就任為第六屆總統。

就任總統不到三週，蔣經國隨即任命我為台北市長。擔任市長後，每天都很忙碌。有一天晚上回到家，看到蔣經國總統在客廳等我。仔細問了「今天做了什麼事」、「這問題該如何解決」等問題。據說妻子買東西外出時，蔣經國總統還曾經單獨來我家，坐在沙發等我。有一次，悶得發慌的妻子端出燕窩甜點，還被總統稱讚：「第一次吃到這麼棒的味道。」我想，他可能是擔心自己提拔的人是否能勝任。蔣經國的「家庭訪問」大約持續了三個月才結束。

一九八一年，我擔任台灣省主席。一九八四年我到還曆（六十歲）之年了，蔣經國拔擢我為副總統。我自己感到很驚訝，其他人應該也有同感。我從未向蔣經國要求任何職位，為何他會挑選我這個台灣人當副總統呢？

雖然沒有確切的證據，但我認為，蔣經國應該是很欣賞我的「日本特質」。對工作有責任感，誠實做事、不說謊。我沒有特別想飛黃騰達的慾望，所以也不逢迎拍馬。因為這些特質，蔣經國肯定我。

一九七一年加入國民黨以來，我常有機會與蔣經國見面，談論政治、經濟等問題。對我這種以前過著單純學術生活的人來說，是很值得學習的政治課。每次出席會議之前，我都會先做好功課，並且預測「結論大概會是這樣吧」。可是，蔣經國下的結論總是與我不一樣。後來才發現，那是因為我單純從理論推導出來做判斷，而蔣經國則是考慮到各種政治因素才下結論。我只不過是在「蔣經國學校」研習政治課程的學生而已。

我想，或許蔣經國認為，如果不推動台灣的民主化，甚至國民黨的本土化，就沒有前途。我未曾批評過蔣經國。台灣之所以能發展資本主義經濟，都要歸功於他。

一九八七年七月，在蔣經國總統任內，終於解除實施三十八年的戒嚴令。同時，組黨以及媒體的相關限制也一併廢除。早在一九八六年，民主進步黨（民進黨）就已經組成。形式上，蔣經國總統默認了組黨的事實。要求台灣民主化、本土化的聲浪更日益高漲了起來。

應該就在這個時候，有一次蔣經國總統以茶會款待地方鄉紳，會議快結束時，我清楚聽到他說：「我也是台灣人。」

一九八七年十二月二十五日行憲紀念日的典禮上，蔣經國總統甚至宣布：「蔣家後代不會再繼任總統了。」我常想，即使他想在台灣推動民主改革，考慮國民黨內部有那麼多抱持老舊思想的人，應該是相當辛苦吧。

當然，我完全沒想到隔年一月蔣經國總統就猝逝了，連他自己應該也沒想到會這麼早離開人世。他從未表示將來應該怎麼做，連有關繼任總統的問題也沒講過。結果，依據憲法規定，我以副總統的身分繼任為總統，但這真的只能說是「歷史的偶然」。

領導人需具備忍受孤獨的能力

一九八八年一月進行總統就職演說時，我一個人走上紅地毯。學者出身、沒有政治野心的我，在黨內沒有任何足以倚靠的勢力，也沒有任何軍方或情治機關的支持。孤立無援的狀態下，我的心境真的可以用「身無寸鐵」來形容。當年我六十五歲。

完全出乎預期，我站上了權力的最高峰——總統這個位置。我常拿「觀音山的故事」來說明那種感覺。學生時代，我常到故鄉淡水附近的觀音山爬山，就任總統之後，也曾與內人、媳婦、孫女一起登上觀音山。

辛苦走了一公里的山坡路後，終於上到山頂。山頂比想像中還要狹窄，四方盡是險峻山崖。在這種地方，誰都幫不上忙。我認為，當上總統就像登上觀音山山頂一樣。

古代中國王侯習慣稱自己為「孤」。最高領導人若不具備忍受孤獨的能力，可能就會自我崩潰。此時，給予我力量和勇氣的，就是信仰。

就任總統時宣誓的情景，1988年（日本李登輝之友會提供）

被宋美齡找去談軍方人事

在我掌握政權的過程中，最大的阻礙來自軍方。誠如「國民黨軍」這個說法所顯露的，當時一般人仍然抱著「軍隊不屬於國家，而屬於黨」的想法。必須把軍隊變成民主國家的軍隊。

當時，實際掌握軍權的是參謀總長郝柏村（一九一九年生於中國江蘇省）。依照慣例，參謀總長兩年就得換人，但他任職八年之久，擁有絕大權力。人事盡是以同鄉優先考慮，任命自己屬意的人馬為中將和上將，影響力睥睨軍方。他還恣意操控軍事會議，同時掌握預算。

一九八九年，我任命郝柏村為國防部長。將他從直接對軍隊下達命令的參謀總長，「升任」為掌握軍政的國防部長，希望將他排除於指揮軍隊作戰的軍令系統之外。但是，他抗拒不從，還告訴宋美齡（一八九七年，生於清朝上海，出生年有多種說法），希望她阻止這項人事安排。當時蔣介石的夫人宋美齡在國民黨大老之間，仍然握有很大的權力。

宋美齡把我找去，以上海話夾雜著英語說，在目前台灣海峽危機的時刻，更

與宋美齡女士會談（日本李登輝之友會提供）

換參謀總長似乎不妥。我對她說，郝柏村長期待在那個位子，會讓優秀的年輕人無法晉升，但她無法接受。至今我耳邊依舊迴繞著那時她說的英語：「Please listen to me」。我告訴她，這是很重要的意見，請她寫在紙上傳給我，幾天後她真的寄給我了。結果，我還是沒有聽她的話。依照既定的安排，任命郝柏村為國防部長，另外任命別人擔任參謀總長。

很長一段時間，我將宋美齡給我的那封信保管於總統府辦公室金庫內，但後來發現，卸任總統不久之後就不見了。可能是在我離開總統府的時候，負責整理辦公室的人考慮到這封信留下來日後可能不妙，所以才處理掉。

這一年，北京發生天安門事件。隔年一九九〇年，台灣的政治面臨激烈的變動。

黨內權力鬥爭激烈

一九九〇年三月，台灣即將舉行總統選舉。因為蔣經國總統去世後，我依憲法規定由副總統繼任為總統，即將期滿。雖然有所猶豫，但想到必須為台灣的未來再努力，我下定決心參選總統。

有別於現在的直接民選，當時的總統選舉是透過「國民大會」代表間接選出。根據一九四七年在南京制訂的中華民國憲法，國民大會是最高政權行使機關。舉凡總統和副總統的選舉、罷免，以及修改憲法、議決立法院所提出的憲法修正案等等權限，都是國民大會的權力。

國民大會以「無法在大陸舉行選舉」為由，未曾改選、替換代表。因此，年邁的國大代表成為「萬年國代」霸占著位置不走，受到民眾強烈的抨擊。一開始，國民大會代表約有三千人，後來國民黨從大陸撤退到台灣的過程中，逐漸減少為六百人，而且呈現高齡化的現象。有些人甚至無法自己走路，必須坐著輪椅出席，或者一邊吊著點滴袋一邊開會等等。

針對我要參選總統，郝柏村、李煥（一九一七年生於中國湖北省，當時的行政院長）等人連日開會密談，似乎在策劃著什麼。黨內反對勢力擁立蔣緯國（一九一六年，生於日本東京，蔣介石的養子，當時的國家安全會議秘書長）出來競選。針對這種情勢，我一一造訪年邁的國大代表，贈送自己的論文集，鍥而不捨地請求支持。結果，蔣緯國連推薦人都無法爭取到足夠的人數，只得放棄候選資格。

當我回到家，妻子流著淚對我說：「請不要選總統了。」不只是報紙批評，黨內大老對我的攻擊猛烈，妻子看了很心痛。原本沒有政治野心的我，完全沒想到權力鬥爭這種東西竟是如此慘烈。但不論多辛苦，只要想到台灣的未來，我就不能放棄我的使命。我和妻子一起努力祈禱，然後隨意翻開《聖經》，隨手指著該處，兩人一起讀了起來。接著互相勉勵：「上帝是這樣告訴我們的，那就這麼做吧。」讓彼此的心靈平靜下來。

接見學生運動代表

總統選舉進行的同時，我面臨了另一個嚴峻考驗。當時發生了大規模的學生運動，所謂的「野百合學運」。野百合是台灣原生種植物，在春天盛開白色的花朵，被視為純潔和強韌生命力的象徵，因此這場學運以野百合命名。

一九九〇年三月十六日，幾名抗議國民大會是「萬年國大」的大學生，開始在中正紀念堂（蔣介石前總統的紀念設施，在當時是禁止遊行、集會的地方）靜坐，為野百合學運拉開序幕。媒體報導之後，支持者陸續聚集，很快就暴增到六千人的規模。他們輪流站到台上，不斷批評政府。這是戒嚴時期台灣無法想像的事。

當時我雖身處學生所批判的「權力頂端」，但我認為這些學生是富有愛國心、滿腔熱情理想的年輕人。於是，我召集治安單位的負責人到總統府，嚴令他們「絕對不可傷害學生」。

即使在南國台灣，三月的夜晚還是很冷。得知學生在冷天靜坐顫抖，我想直接到廣場探視學生，與學生對話。但國家安全局百般規勸，說無法保障我的人身安全。不得已，我只能在傍晚搭乘座車到中正紀念堂周邊，觀察學生的情況。看到學生們即使颳風下雨，也持續靜坐，讓我感到很心疼。那是我當時的人生中，最煎熬的一段時間。因為擔心學生，我徹夜難眠。

三月二十日我承諾學生所訴求的，召開國是會議，並同意接見學生代表。學生方面回覆願意「接受」我提出的邀請。

隔天，我從早上開始在總統府等待學生代表來訪，但一直沒看到他們出現。我非常非常期待。後來我開始擔憂，不知道學生是否真的會來。結果，直到晚上八點，超過預定時間很久，學生代表來了。學生人數竟有五十三人之多。據說是因為遲遲無法決定由誰代表，人數才會變得這麼多。我仔細聽完他們的話，承諾加速民主化等，也明確告訴他們，總統沒有權限解散國民大會。

當晚，學生代表團討論後，決定撤離中正紀念堂。隔天三月二十三日一早，學生撤離了。

後來台灣的民主化，可說是我尋思已久的構想，及民眾的民主化運動理念，兩者交相輝映下和平地完成任務。

後來有電影導演將當時學生那段「青春」歲月拍成電影。例如，楊雅喆導演的《女朋友。男朋友》（二〇一二）等。據說楊導演受到了日本作家村上春樹和村上龍的影響。提到與日本的關連，這是很有意思的話題。曾經參與學運的人當中，孕育出很多人才，像是台灣的現代藝術家，或在野黨政治家。村上春樹先生的《挪威的森林》，也是我喜愛讀的書。這本小說很了解年輕人的想法，很有意思。

組閣時的「超水準人事案」

一九九〇年三月二十一日、二十二日兩天的國民大會選舉中，在沒有對手的情況下，我獲得逾八成的支持，順利當選第八任總統（任期六年）。

隨後的組閣過程，出現所謂的「超水準人事」，就是將國防部長郝柏村升任為行政院長。從國防部長轉任行政院長，對他來說，算是大大地出人頭地、仕徒高升。人就是難以抵擋權位和金錢的誘惑。郝柏村欣然接受了這項人事安排，答應脫離軍籍。

軍人出身的郝柏村將擔任行政院長參與政治，黨內外陸續出現反對的聲浪。但我說：「要讓治安變好的話，由他這樣的人來當行政院長不是比較穩當嗎？」隨即壓制了批評的聲浪。事實上，無論如何，我一定要讓他卸下軍服，交出軍權。

然而，郝柏村一當上行政院長，便惹出麻煩。他召集、主導了軍事會議。這明顯違反了憲法，只能說是軍人的傲慢意識作祟。在野黨（民進黨）立委葉菊蘭（一九四九年生於苗栗縣）頻頻追究這個問題，反對郝柏村的政治運動在各地風起雲湧。結果，他擔任行政院長不到一年就被迫下台。他以強硬口氣對我要求繼續當下去，但我大聲斥責：「任命權在我手上！」硬是把他拉下閣揆的位子。

台灣的政爭與中國大陸如出一轍。郝柏村畢竟是自己掉入了權力鬥爭的陷阱。

廢除動員戡亂時期臨時條款

一九九〇年六月二十八日，我履行與學生代表的承諾，召開為期六天的國是會議。包括在野黨人士、學者、民間人士等各界領袖共一百多人，聚集在台北圓山大飯店一起討論台灣的未來。其中包含曾參與台灣民主運動的政治犯，廣泛匯集不同政治立場人士的意見，是台灣前所未有的創舉。

在這次會議上討論的，就是廢除動員戡亂時期臨時條款。所謂動員戡亂時期臨時條款，就是在一九四八年四月由國民大會制訂，以「臨時」修正條款的形式被追加到一九四七年十二月實施的中華民國憲法中。這是蔣介石為了和中國共產黨武力對決所採取的措施——凍結憲法，根據國家動員體制施行獨裁政治。

一開始，臨時條款的期限設定為兩年。但是，國共內戰失利的國民黨逃到台灣之後，卻以「反攻大陸」為理由屢次自動延長期限。根據臨時條款，在台灣施行了「破世界紀錄的三十八年戒嚴體制」。台灣若要擺脫國民黨的獨裁政治，推動民主化，就必須廢除動員戡亂時期臨時條款。

在此重複說明，這項臨時條款是由國民大會制訂的。換句話說，臨時條款正是「萬年國代」權力的來源。廢除臨時條款，意味著國民大會的「萬年國代」都得辭職。

我再度造訪近六百名國代，一個個拜託他們辭職。他們提出「保障我們生活」的要求。於是，我同意提供他們每人約五百萬元的退休金。六百人總共是三億元。我想，如果這樣「萬年國代」願意退休的話，算是很便宜了。此外，我決定給他們退休金附帶百分之十八的利息。我是總統，同時也是國民黨的主席。我有權限將國民黨的資金用來發給這些國代當退休金。

一九九一年五月，隨著動員戡亂時期的終止，臨時條款也確定廢除。接著，第二屆國民代表將透過選舉產生。

一九九一年底，新的國大代表三二五名選出來了。在第二屆國民大會會議上，制訂了立法委員選舉辦法。立法院相當於日本的國會，於一九四八年在大陸選出第一屆立法委員，但與國民大會一樣，推說無法在大陸實施選舉，結果是年邁立委占據了大多數的席位。國民大會的老國代如果是「萬年國代」，那麼立法院的委員就是「萬年立委」，也是人民強烈抨擊的對象。

國民大會進行過幾次修憲，二〇〇五年開完最後一次會議，就被裁撤掉了。

制訂「國家統一綱領」的用意

廢除動員戡亂時期臨時條款的意義，一方面是去除台灣民主化的障礙，另一方面則意味著，台灣片面宣告終結國共內戰。

但是，以「反攻大陸」為黨基本方針的國民黨大老，他們批評的聲浪日劇，甚至可能對政權維繫造成窒礙。因此，我在一九九〇年十月七日宣布成立國家統一委員會，並且親自擔任主任委員。所謂國家統一委員會，就是為了確立中國、台灣兩岸關係的方針而成立的機構。根據委員會決定，我們公布了「國家統一綱領」。

綱領中提示了「統一」的條件，有下列三點：
（一）當中國的政治民主化
（二）當中國的經濟變成自由經濟
（三）當中國實現公平社會
這三項條件都滿足了，我們才「與中國開始對話」。
我為了說服國民黨大老，才制訂這項國家統一綱領。其實目的在於制定三個明確條件，以牽制、遏阻「統一」的動向。然而，表面上又不能明講。
如此，我在總統任內一一去除、拆解阻礙台灣民主化、本土化的繁複機制。而且，這工作必須在「神不知鬼不覺」的狀態下進行，是營運政權的過程中最困難的一件事。

「生為台灣人的悲哀」

一九九二年十二月，根據先前的修憲，立法院進行全面改選。「萬年立委」全部辭退，選出一百一十六位第二屆新立委。台灣真正的議會政治從此開始、出發。

在第一章提到司馬遼太郎訪問台灣，與我對談，正值我投注全部心力於台灣民主化的時候。司馬先生在一九九三年訪台兩次、一九九四年訪台一次。我們都是二次大戰時由學員升上士官，同樣經歷戰火洗禮的好朋友。

與司馬先生談些什麼呢？我和妻子商量後，決定談「生為台灣人的悲哀」。我告訴司馬：「到目前為止，掌握台灣權力的，包括國民黨在內，都是外來政權。一定要將國民黨變成台灣人的國民黨。由於對以前白色恐怖的恐懼，七十多歲這一代晚上都沒辦法睡得安穩。不希望子孫再受到這樣的待遇。」國民黨是外來政權的說法，讓我在國內外受到相當大的批評。

滿頭銀髮的司馬先生，以一副很認真的神情對我說：「李先生，如果可能的話，請不要出馬參選下次總統大選，這是為您著想。」我很清楚，他是基於愛護我的善意，才這麼說。

日本戰敗後，我曾到長崎、廣島一帶被轟炸的地區看過，心想：「這個國家真能東山再起嗎？」然而，戰後在吉田茂首相等領導者的帶領下，日本驚人地完成重建。另一方面，有別於以經濟大國之尊、成就高度繁榮的日本，當時的台灣仍無法清除「外來政權」的餘孽。對我來說，還有很多事尚未完成。結果，我違反了司馬先生善意的規勸。

邁向直接選舉，選「台灣人的總統」

後來的總統大選在一九九六年舉行。我認為，這次總統選舉不應該採取以往，由國民大會代表選出的間接選舉方式，應該採取由住民選出總統的直接選舉方式。這樣一來，就不是由國民黨選出的「國民黨的總統」，而是由台灣選民挑選的「台灣人的總統」。

然而，事情進行得並不那麼順利。首先，我召集政府首長與專家學者開會討論，但這些人多數認為，按照以往的間接選舉就好了。特別是大陸出身的人，大部分抱持這樣的想法。現任的馬英九總統就是其中之一。

接下來，我讓大家在國民黨的中常會討論。結果依然是看法兩極，無法得出結論。但這時我刻意選擇中立，並沒有要求他們接受我的想法。

最後，關於一九九六年總統選舉的討論，都留置到一九九四年七月舉行的全國代表大會中處理。所謂的全國代表大會，是由國民大會代表、立法委員、台灣省議會議員、縣市首長以及地方議會議長等人所組成的國民黨大會。

會議中，反對總統直選的一百位黨員，連午餐的休息時間都不放過，輪流罵我一個多小時。我只是默默聽著，心想：「真是一群愚蠢的人。滿腦子只想到自己在黨內的權力。最後，我還是會選擇順從民之所欲。」台灣首次總統直選，就在這次會議中以多數決的形式正式決定了。

民之所欲，長在我心

一九九五年五月中旬，當我在台中視察地方建設時，一輛車從總統府火速奔馳而來，為了傳遞一則電報，內容是關於美國政府允許我到康乃爾大學訪問。之所以能實現訪美，是因為美國國會考慮到民意，促使當時的柯林頓總統做成決議。距離上次訪美，已時隔三十年。

六月九日，我在母校康乃爾大學發表演講，題目是「民之所欲，長在我心」。內容有點長，請容我在此引述。

「一九八八年就任中華民國總統以來，我最重要的目標就是掌握人民真正的想法，順從民意來主持施政。早在兩千多年前，中國的經典《尚書》就有『民之所欲，天必從之』的說法；而我本人服務公職的準則就是『民之所欲，長在我心』。

毋庸置疑，我國民眾最關切的就是政治民主與經濟發展。然而，政治民主必須包括對個人自由及社會公義的尊重，另外就是，個人能夠直接影響國事的參與感；而經濟發展不只是追求財富與繁榮，還必須包含均富理念的實踐。

本人所說的『台灣經驗』，指的是台灣人民近年來經由政治改革與經濟發展，所累積的智慧結晶。這個經驗已經獲得國際社會的高度肯定，也是值得許多發展中國家借鏡的範本。基本上，『台灣經驗』意味著中華民國數十年來經濟、政治與社會的轉型過程，而這整個過程所顯示的意義，應該會對亞太地區的未來發展及世界和平帶來深遠的影響。

台灣之所以能夠在和平中完成政治改革，必須歸功於持續、穩定的經濟發展。在蔣介石和蔣經國兩位總統的領導下，台灣的經濟開始起飛，獲得豐碩的成果。現在則是在經濟發展之外，經由寧靜、不流血與非暴力的過程，大步邁向政治民主化。

我認為，關於民主與人權，世界各國應有一致的標準，不會因種族或宗教而有所不同。事實上，儒家的民本精神與現代民主的理念並不衝突。這也是我一再強調的，尊重個人自由意志及主權在民的基本精神。

因此，個人從政以來，始終以人民的需要和願望，作為施政的重要參考。我衷心希望，大陸的領導人未來也能夠以人民為指引向前邁進。因為台灣的成功，毫無疑問能夠對中國大陸的自由化和政治民主化有所幫助。

民之所欲，長在我心。因此我日夜思索著，對於政府，人民期待、要求的是什麼。我相信，其實全世界人最基本的要求都是一樣的。那就是政治民主與經濟發展，這一定也是今後的世界潮流。

民之所欲，長在我心。因此我相信，中華民國人民會願意用這幾句話來表達他們的心聲。中華民國人民要在國際社會中扮演和平、建設性的角色。因此，我們希望美國及全世界的朋友都能夠了解：

中華民國屹立不搖，我們隨時準備盡我們的一份心力。我們亟盼與各國分享民主主義勝利的果實。」

我在《台灣的主張》中也寫到：存在，就是台灣的外交。正因為存在，才有希望。不管是台灣的民主化或經濟發展，最重要的，就是以台灣的存在為前提。那麼，為了台灣能夠存在，應該怎麼做呢？與外國正式建立邦交是最好的，但如果很難的話，就應該以經濟關係為主，追求實利。或者，文化交流也可以。與各國關鍵人物建立深厚的關係，進而影響那個國家的政府與社會。務實思考的話，就會有很多可能性。這樣的外交態度，我稱為「務實外交」。

不屈服於中國的軍事恫嚇

訪美之行後，中國的媒體不斷抨擊：「李登輝主張台獨。」很明顯的，這是對隔年一九九六年三月即將舉行的台灣首次總統民選的恫嚇行為。

在一九九六年三月總統直選前，中國舉行飛彈演習。對於中國的恫嚇行為，美國政府派遣「尼米茲號」與「獨立號」兩艘航空母艦到台灣海峽，牽制中國。

台灣首次總統直選，就在這種不安的氣氛下進行。我在演講中呼籲人民：「別怕，那飛彈不是實彈，是空包彈。」「對付中國的威脅，我們準備了十八套劇本。」

說是準備了十八套劇本，其實是準備了三十套以上，但不能把手中的牌都亮出來，所以對人民說的數字少了些。我們甚至掌握到情資，得知中國的軍事演習只是心理上的威嚇行為，實際上無意展開攻擊。

就這樣，一九九六年三月二十六日總統直選的結果，我獲得總票數的百分之五十四（五八一萬三六九九票），成為第九任總統。總統的任期從以前的六年改為後來民選的四年。

決定凍省

一九九六年底，我以總統的角色召開國家發展會議。這是仿效一九九〇年召開的國是會議，為了檢討出更進一步推動民主改革的方法，而召開的跨黨派會議。在這會議上決定的重要政策，就是凍結台灣省。

一九四七年設立的台灣省，在當時仍存在。那是一種表面上的說法——中華民國將從中國共產黨手中奪回「中國所有省」。也就是說，所謂的台灣省只是自我滿足的假像罷了。

中央政府與台灣省的行政區域幾乎相同，因而產生了很明顯的行政效率問題。省議員擁有很大的權限及權力，變成利益政治的溫床。例如我讓郝柏村從國防部長升為行政院長之際，為了爭取省議員們的同意，就不得不數度向他們拜託。

凍結台灣省，不但可處理舊往的利益政治問題，還可拆穿中國所謂「台灣是中國的一省」的虛構謊言，結果是，可以讓很多台灣人對台灣的主體性產生覺醒。台灣就是台灣。不是中國的一部分。事實就是如此。

「特殊國與國」的衝擊

一九九九年七月，我接受「德國之聲」的專訪。因為這場專訪的言論，台灣海峽再度陷入騷動不安的局面。主要內容如下：

「一九四九年中華人民共和國（中共）成立以後，從未統治過中華民國所轄台灣、澎湖、金門、馬祖地區。我國在一九九一年修憲，增修條文第十條將憲法行使的有效地區縮限於台灣，承認中華人民共和國在大陸統治的合法性。並且增修條文第四條，明定立法院立法委員僅從台灣人民選出。

一九九二年的憲改進一步於增修條文第二條，規定總統、副總統由台灣人民選舉產生。設立的國家機關，也是僅代表台灣人民，關於國家權力的統治正當性，也是只能來自台灣人民的委託授權。因此，與中國人民完全無關。

一九九一年修憲以來，已將兩岸關係定位在國家與國家，至少是『特殊的（Sui generis）國與國關係』，而非一合法政府、一叛亂團體，或者一中央政府、一地方政府的『一個中國』之內部關係。因此，北京政府將台灣視為『叛離的一省』的說法，完全是昧於歷史與法律上的事實。兩岸關係的定位已經是『特殊的國與國關係』，所以現在沒有必要再宣布台灣獨立。」

台灣的媒體將我的言論報導為「兩國論」。我們獲得的情資顯示，同年十月，汪道涵（當時中國的海峽兩岸關係協會首任會長）在中華人民共和國建國五十週年的國慶日訪台，可能會發表「北京是中央，台灣是地方」的談話。如果這樣的談話發表出來，將造成對台灣不利的局面。於是我採取對策，搶先粉碎對方的陰謀。

十月時我在美國雜誌《外交事務》（*Foreign Affairs*）發表專文，內容記載：「由投票箱的力量（政治民主的實施）所產生的，新的國家認同正在形成。」中國對我的發言大為反彈，不斷進行軍事上的恫嚇。於是我召開軍事會議，嚴令：「絕對不可回應對方的挑釁。但也不要示弱。」來自中國的恫嚇行為一直持續，直到百年大地震襲擊台灣為止。

九二一大地震的試煉

一九九九年九月二十一日，對所有的台灣人來說，是永難忘懷的日子。這天凌晨，台灣發生芮氏規模七・六的大地震。我最親近熱愛、深信蒙上帝特別恩寵的台灣這塊土地，刻印上莫大的傷痕。

崩落的山峰，龜裂的斷層，傾圮的街道，受災的同胞……。眼見大地震的災情，我強忍著心如刀割的痛苦，告訴自己：「這是上帝給予的嚴厲試煉。只能前進，別無選擇。雖然我的任期只剩八個月，必須遵守對人民的承諾，盡最大的力量，與全體同胞一起戰勝這個痛苦的試煉。」

大地震發生在凌晨一點四十七分，我和妻子都還沒睡，我在看書，妻子似乎在做些縫補的手工。突然間，燈光漸暗，停電了，瞬間天搖地動。我感到很震驚也很憂心。災情勢必相當慘重。

台灣九二一大地震的規模（芮氏規模七・六）比一九九五年的阪神淡路大地震（芮氏規模七・三）還要大，死者逾兩千四百人，傷者逾一萬一千人。在這種情況下，最重要的是親自到現場，親眼確認狀況，並找來負責人親自聽取報告，蒐集相關資訊。

搖晃稍稍平息後，我立刻下令下屬向我報告情況。得知震央在台灣中部的南投縣，恐怕已造成巨大傷亡。

天一亮，我立刻驅車從官邸出發。原本打算先進總統府，再到松山機場搭飛機前往台中，但考慮到「這是分秒必爭的時刻」，我臨時改變計畫，直接趕往松山機場。上午九時抵達災區視察，立刻趕回台北，在總統府召開政府主管會議，決定具體的因應措施。之後，我又親自到災區視察，直接指示對策。

視察九二一大地震災區

地震發生後三十天內，我有二十一天在災區視察，身邊總是帶著兩個人。一位是軍方參謀總長，另一位則是總統府秘書長或副秘書長。將自己置身災區，親眼掌握現況，尋思「災區需要什麼援助」、「救援行動的哪個部分需要加強」。然後在軍隊的動員方面，直接請身旁參謀總長下令，如果是行政上的協調，就請秘書長出面處理。

最先抵達的日本救難隊

大地震發生後，各國紛紛伸出援手。地震發生當晚，首先抵達的是日本救難隊。人數也最多。行動表現得十分有紀律，真不愧是日本的救難隊。每次發現罹難者遺體，就會敬禮、默禱，向家屬道歉：「很抱歉沒能救到人。」或許是看到這樣的態度，讓台灣人了解到什麼是「日本精神」，當日本救難隊返國時，出乎預料地，許多台灣人在機場大廳圍著他們鼓掌致意。

另外要感謝的是，日本眾議員小池百合子幫忙提供組合屋。小池女士曾參與阪神淡路大地震的重建工作，對台灣九二一大地震極為關心。她說：「台灣的官方、民間參與救援，以及善用資源的效率，都優於日本。對此感到很佩服，由衷相信台灣一定能完成復興工作。」

當時由曾野綾子擔任會長的日本財團（Nippon Foundation，公益財團法人），也捐贈了三億日圓善款。這筆善款的一部分，用於改善非政府組織（NGO）「中華民國搜救總隊」（一九八一年成立的台灣首支民間救援隊）的裝備。我向親自來台參與捐款儀式的曾野女士承諾，將來日本若發生任何事情，台灣的救援隊一定會第一個趕過去。

十月十一日，在台北縣林口國立體育學院綜合體育館舉行「九二一大地震全國追悼大會」。肅穆的儀式充滿哀悼的氣氛。我在追悼詞中引用聖嚴法師（佛教團體「法鼓山」創辦人）的話：

「九二一大地震的所有罹難者都是大菩薩，是老師。他們用自己的生命現身說法，代替兩千三百萬台灣人受災受難，救了我們的下一代。我們應該從過去的錯誤中學習重生、感恩，讓社會充滿祥和與良善。」

走出悲傷，不代表遺忘過去。但是，我們只有以感恩的心，更珍惜自己的存在，更積極面對我們共同的未來。唯有如此，才能真正告慰所有罹難者的亡靈。

帶著如是期許，獻上我的追悼。

協助完成政權移轉

二〇〇〇年三月，台灣舉行第二次總統直選。我早已決定不出馬參選，因此推舉多年來擔任副總統、輔助我的連戰（一九三六年生於中國陝西省西安市）為國民黨的總統候選人，並且為他輔選。其他候選人還有民進黨的陳水扁（一九五〇年生於台南市）、無黨籍的宋楚瑜（一九四二年生於中國湖南省湘潭縣）。

選舉結果出人意料之外。與大家預期的相反，執政的國民黨候選人敗選，在野的民進黨候選人陳水扁當選了。但是，我並沒有特別感到震驚。相反地，想到有個四十多歲的年輕領導人，可以取代年近八十的我，為了台灣，我覺得這是好事。於是，我協助完成政權順利移轉，之後的一段時間，還積極、建設性地協助新政府。

關於台灣的政權移轉，有人認為：「如果發生在其他亞洲國家，可能就會引發軍事政變，真是驚險萬分的局面。」但另一方面，確實可以看到，來自世界上許多人的正面評價：「李登輝總統進退從容得宜。他親自見證了，長年獻身努力的民主化與自由化，終於開花結果。」

從一九八八年首度坐上台灣最高權力者的位置以來，我從未眷戀權力。腦海中想的只有「為國」、「為民」。只要出現比我更有實力的領導人，我隨時都可以讓出總統寶座。所以，當陳水扁當選總統時，我由衷感到欣慰，讓出總統大位。

但是，面對政權轉移，外省人眷戀獨裁體制的反彈力道非比尋常，導致我後來不得不離開國民黨。

第三章

邁向新台灣人的時代

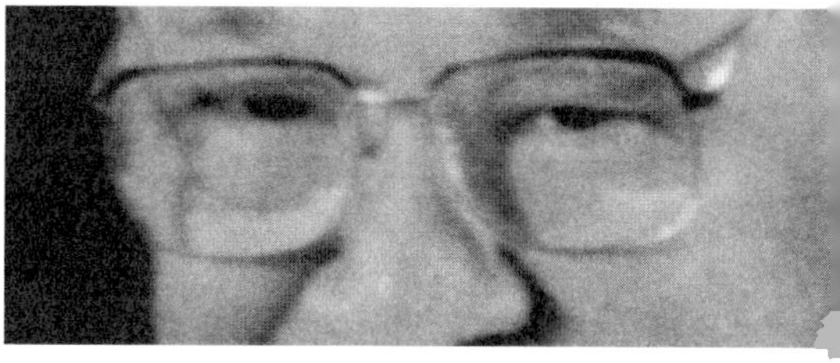

經驗不足的民進黨政府

二〇〇〇年三月，台灣舉行第二次總統直選，結果由國民黨將政權和平轉移給民進黨。之後，台灣的民主政治卻進入一段長時間的停滯期，真的很令人遺憾。究竟原因為何？

繼總統大選後，二〇〇一年的立法委員選舉民進黨也獲勝，成為第一大黨。但是，國民黨與親民黨在野聯盟在立法院擁有過半席次影響之下，民進黨的國會運作受到掣肘。

在台灣，總統握有極大的權限。但是，政治這東西畢竟要靠協商。不能因為握有政權，執政黨就要掌控所有的政治決策。對待在野黨，也需深思熟慮，讓權力能自然地釋放共享。但民進黨並沒有充分意識到這點。結果，民進黨和台灣團結聯盟（台聯）組成的執政聯盟（綠營，源自民進黨旗顏色），與國民黨、親民黨的在野聯盟（藍營，源自國民黨旗顏色）之間，兩邊陣營的對立日漸加劇。

隨著朝野關係的惡化，屬於台灣特有的問題也顯現出來。就是所謂的「族群問題」。簡單地說，本省人與外省人之間產生了摩擦。

受到中國統戰工作的影響，本省人與外省人的摩擦造成國家認同的衝突。「綠營」若推動台灣獨立（或本土化），藍營就與之對抗，以狐假虎威的方式向中國靠攏，推動兩岸統一。這導致立法院呈現混亂的局面，重要法案幾乎無法通過。

然而，民進黨甚至連那種不需要立法院審議通過的工作，都無法做好。這突顯了長期以來民進黨擔任在野黨，執政經驗和應變能力不足的問題。

朝野政黨對立加劇，政府機能停擺

在這脈絡下，二〇〇四年三月的總統選舉中，民進黨候選人陳水扁與國民黨候選人連戰，雙方進行了一場異常激烈的選戰。

當時我已離開國民黨。為了鼓勵台灣內部和解、促進團結，於是發起「牽手護台灣」運動。距離一九四七年的「二二八事件」五十七年後，二〇〇四年二月二十八日橫跨南北四百九十公里，兩百萬人手牽手心連心，抗議中國將飛彈瞄準台灣，傳達守護台灣的堅強意志。陳水扁總統也出席了這場手牽手護台灣的活動，與我一起牽手。

選舉結果，陳水扁總統險勝，與連戰之間的得票率僅差百分之〇．〇二八。而且，同年年底舉行的立法委員選舉中，民進黨雖保有第一大黨的席次，但仍然被在野聯盟掌控了過半席次。

時序進入二〇〇六年，陳總統家族身陷貪瀆醜聞，朝野政黨間的對立已達到不可收拾的地步。更糟的是，受到政治氣氛影響，社會整體陷入兩極化的僵局，一到選舉，就瀰漫著針鋒相對的氣氛。政治人物不是在進行政策論辯，而是傾全力互相找碴、互扯後腿。立法院裡立法委員的政策論辯，與其說是進行著論點的攻防，不如說是展現言語暴力的競技場。國防和民生預算相關法案都無法過關，政府機能停擺。

政治停滯的狀況下，發生了震撼台灣社會的事件。引爆點是媒體對我的專訪。

「李登輝轉向」？週刊的曲解報導

「李登輝轉向」、「放棄台獨」——二〇〇七年一月三十一日出刊的《壹週刊》（大眾路線週刊）刊載了這樣的標題。於是，掀起了關於台獨的大辯論，人民也被捲入這場論戰之中。「放棄台獨」的說法，是編輯擅自下的標題，不是我說的話。

我真正的意思是：「台灣已經是獨立的國家，現在沒有必要再宣告獨立了。」戰後台灣由國民黨這個外來政權施行一黨獨裁統治。但是，一九九六年的總統直選，人民已經能夠自己選出國家領導人。也就是說，台灣從外來政權的統治中解放了。更何況，那時台灣出生的台灣人當總統，是民進黨執政的時代。如此看來，可以說台灣是「完全獨立的國家」。所以我才會說，台灣就已經是獨立的國家，沒有必要再主張獨立了。

《壹週刊》的專訪中，我之所以這麼說，主要是希望能夠遏止朝野政黨毫無意義的權力鬥爭。民進黨和國民黨熱中統獨爭議，一心專注於權力鬥爭，完全漠視人民的生活。當時的情況是，次年度政府預算無法過關，公共事業無從推動，執政陷入瀕死狀態。不當的經濟政策層出不窮，貧富差距擴大，失業者、低收入戶的社會福利保障也不足夠，社會不安的氣氛因此持續蔓延（現在的國民黨馬政府也一樣）。台灣的強項，資訊（IT）產業等也漸漸失去國際競爭力。當時我是針對如此嚴峻的政治、經濟情勢而發言。

更進一步說，其實我從未主張過「台灣獨立」。如前所述，台灣已經實質獨立，沒有必要在國際社會做出引起爭執的發言；我認為，台灣能夠以台灣之名而「存在」，才是唯一的重點。

何謂台灣的國家正常化

台灣的政治勢力常被分為「獨立派」與「統一派」。但是，在台灣幾乎沒有人期待與中國統一。根據二〇一二年行政院大陸委員會的調查，超過八成的台灣人希望中國與台灣的關係是「維持現狀」。

何謂台灣的現狀？就是不隸屬於中國、獨立的現況。若要追求台灣的國家正常化，首先，必須立基於這樣的民意來思考。獨立與否的神學式論爭，不但沒有意義，只會讓人民一分為二，進一步激化對立罷了。這會導致政治停滯，為人民帶來無可計數的損失。

再次說明，我在《壹週刊》的專訪中想表達的是，做為國家領導人，無論是放任或是助長統獨對立，都是愧對人民、極不負責任的行為。

台灣的國家型態在國際社會中的確是史無前例。一九九年我在總統任內，曾經派遣蔡英文（一九五六年生於屏東縣枋山鄉，時任行政院大陸委員會委員，現在是民進黨黨主席）到英國，詢問了九名國際法權威學者「台灣是不是主權獨立的國家？」結果，英國國際法學者半數回答「是」，半數回答「不是」。這說明了台灣的國家型態確實既複雜又特殊。

之後，我在接受「德國之聲」專訪時明確指出，台灣與中國的關係是「特殊的國與國關係」。我的目的就是為了對海內外明確宣示「台灣是獨立國家」這個不容否認的事實（不管外國如何看待）。當然並不是說，這樣就可讓台灣完成國家正常化，但是，對國際社會明確宣示「台灣是獨立國家」，這就是台灣邁向國家正常化的「第一步」。

什麼是台灣的國家正常化？就是將國號從中華民國改名為台灣，並且由台灣人親自制訂符合台灣現狀的憲法。這並不容易。中國必然會施壓，即使在台灣內部，也有許多需要突破的障礙。要讓國家正常化，不可或缺的第一步，就是必須確立「台灣是一個主權獨立國家」這個「共識」。

「杭亭頓現象」意味著民主的倒退

西元二〇〇〇年台灣首度進行政權輪替，民進黨政府誕生，包括我在內的許多國民都懷抱著「或許國家就此邁向正常化」的期待。但是，後來不僅沒有邁向國家正常化，反而掉入政爭泥淖。更甚者，民進黨的貪汙問題非常嚴重。不僅是陳水扁身邊的人，整個民進黨都形成了「貪汙政體」。連台灣與巴布亞紐幾內亞建交所花費的外交機密費約三千萬美元，都被中間人侵吞，想到這樣的政權竟是台灣人民的代表，就悲哀到想哭。

這樣的情況應該如何理解、反省呢?美國哈佛大學教授撒米耶爾・杭亭頓（Samuel P. Huntington）在他的著作《第三波》中，針對民主改革曾經說明如下。美國獨立與法國大革命是「第一波」，第二次世界大戰前後是「第二波」，其後一九七〇年代中期開始的全球民主化風潮，應該稱為「第三波」。台灣雖面臨一些危急的情況，但也搭上這股「第三波」的風潮，於二〇〇〇年和平地實現政權的轉移。然而，杭亭頓提出警告，「第三波」民主化國家不見得能變成民主國家。事實上，有很多例子是，民主化之後反而變成反自由的國家。這就是所謂的「杭亭頓現象」。

《第三波》提到，一九七〇年代中期到一九九三年之間，全球有多達一一四個國家達成民主化，但調查國民自由度的結果顯示，其中三十七個國家的國民只獲得「部分自由」。杭亭頓進一步指出，「第三波」的民主化風潮，必須有心理準備面對「擺盪回到反自由的國家」的困局。

杭亭頓教授歸納其原因如下：例如，參與民主過程的人轉而背叛與腐敗、反民主的政黨或團體可能在選舉中獲勝、行政部門濫用權力、執政者剝奪人民的參政權與自由權等等。這些畢竟都是概略性的結論，實際的問題還得根據各國的具體狀況進行分析檢討。但我不得不指出，杭亭頓教授所提的幾點，或多或少與台灣的情況不謀而合。譬如，二〇〇三年我在台灣出版的拙作《台灣二十一世紀國家總目標》列舉的項目中，便提到了行政部門的貪腐問題。

台灣固有的問題阻礙民主化進展

台灣仍存在著妨礙民主化進展的固有問題。有堅持「反民主」意識形態的陳腐政黨，其中還有與中國共產黨聯手的「反台灣派」。

台灣的情況是，台灣海峽對岸中國的併吞野心，威脅著我們國家的主體性。我在《台灣海峽的和平與亞洲安全》論文中寫道：「併吞台灣是中國共產黨的國家目標。」事實上，在二〇〇五年三月十四日，中國制訂了反分裂國家法，企圖確認及維護其侵略台灣的正當性。

此外，台灣固有的問題是，依舊存在著所謂的「亞洲價值」（Asian values）。在亞洲經常見到，取得政權之後採取皇帝式的統治體制，把國家的財產當成個人財產來花用。也就是說，原本民主選舉選出來的人，卻不以「公眾利益」，而是以「黨的利益」、「私人利益」為優先考量。

《舊約聖經》指出，為了「給奴隸部族自由與解放的願景，讓他們團結成為一個民族，帶他們返回迦南」，摩西花了四十年歲月。理論上，台灣人歷經了五十年才獲得民主政治。實際上卻是，政權一交到台灣人手中，過沒多久政治就墮落了。每次上教會我都祈禱著：「台灣人還要幾年才能建立自己的國家？」

馬政府加速向中國傾斜

二〇〇八年一月舉行的立法委員選舉中，在野的國民黨獲得壓倒性的勝利。緊接著，同年三月的總統選舉，國民黨候選人馬英九（一九五〇年生於香港）對上民進黨候選人謝長廷（一九四六年生於台北市），也獲得壓倒性的勝利，時隔八年，國民黨重新奪回政權。選舉的結果顯示，台灣人民對民進黨政府的施政感到失望。台灣人民期待著，立委選舉與總統選舉雙贏的馬政府與國民黨，能夠「全面執政、全面負責」，邁向民主化、重新振作。

但是，這份期待很快就落空了。

國民黨政府上台後，馬總統加速向中國傾斜。為了開放台、中直航包機，以及爭取中國觀光客到台灣觀光，竟然承認了子虛烏有的「九二共識」，準備將台灣捲入「一個中國」的漩渦中。

一九九一年，我擔任總統時，台灣廢除「動員戡亂時期臨時條款」，結束與中國之間的內戰狀態。隔年一九九二年，台灣與中國的對口機關在香港舉行首次事務性的會談。當時，中國方面擅自主張「針對一個中國達成共識」，稱為「九二共識」。台灣當然沒有同意。換言之，「九二共識」是沒有共識的共識。馬政府在這個虛構的歷史基礎之下，至今持續與中國進行協商。

圖謀台、中統一的策士，企圖在馬總統任內確立朝統一邁進的趨勢。事實上，不論在政治或經濟上的措施，馬政府都是以統一為目標，無視於總統選舉時對人民許下的承諾：「台灣的前途必須由二千三百萬台灣人民決定。」

我對於台、中關係的看法，就是一九九九年接受「德國之聲」專訪時所說的「特殊的國與國關係」。台灣是一個「主權獨立國家」，是一個「主權在民的國家」。台、中關係絕非所謂「一個中國」的內部關係。

但馬政府卻像是自行放棄主權似的，將兩岸關係定位為「兩個地區」、「兩個當局」。也就是說，他等於宣告了「不是國與國的關係」。這種對外自我否定的做法，不是主權獨立國家應有的作為，是背叛國家、辜負人民期待的行為。

二〇〇八年的總統選舉中，台灣人民雖然選出馬英九為總統，但並不代表台灣人給予他「放棄主權」的權限。更不用說，絕對不是允許他「把台灣變成中國的一部分」。

確立經濟獨立的「台灣模式」才是上策

目前台灣最需要的是，國家領導人應針對台灣是什麼樣的存在，以及台灣該何去何從，訂定一個明確的參考座標。看到當前的台、中關係，我想起日本作家武者小路實篤所說的「你是你，我是我，不過，我們是好朋友」這句話。雖然我們樂見台、中關係的改善，但考慮到中國未來的不確定性，我們應該以「你是你，我是我」的態度「說清楚講明白」，再與他們繼續交往，這才是比較實際的作法。

因此，就像我曾經嘗試過的——重新再一次提問台灣這個「我」，「自己的命運由自己決定」如此的決心與心理準備是必需的。以象棋為例，「不能只當（沒有自己意志的）棋子，而是要當（有自己意志的）棋手」，如果沒有這樣的態度，面對中國這個超大國，絕對無法走出活路。

我擔心的是，現在的台灣是不是逐漸隨波逐流，變成「棋子國家」呢？台灣是否會束手無策、被中國這個超大國家操弄？又是否會受到橫擺在眼前的「紅蘿蔔」所迷惑呢？這些都是讓我擔心的問題。

台灣應該追求的目標，並不是只以中國市場為來往對象，而是要在全球市場中發展出具有競爭力的產業。反過來說，確立了新的全球成長模式之後，才能讓台灣在中國市場中，做為一個國家的立場可以更加鞏固起來。

目前中國對台灣的優惠政策，是一種出自政治企圖、會上癮的補助款，如果台灣把它當成依靠，就會落得像日本地方政府依賴中央政府發放補助款與分配款一樣，下場是台灣的體質逐漸弱化，喪失長期的經濟競爭力。

中國成長也好，沒成長也行。重要的是，台灣做為台灣，做為一個自立自強的國家，要能夠確立一個持續自我成長的「台灣模式」。我認為，這才是好好利用中國這個機會，同時也能夠不受中國動向牽制的上上之策。

最重要的是，台灣人本身必須認識、理解台灣的政治體制優於中國，台灣的國家領導人也必須一直對人民這樣訴求。美日歐先進國家之所以對台灣懷抱連帶感，正是因為台灣具備了民主的、尊重人民自由和人權的政治體制。

因此，台灣應該做的是，讓自由、民主的政治體制更臻完善，朝向每個人都能受到尊重的社會前進。也就是說，建設一個尊重自由、人權、民意的國家，實踐這樣的王道政治，推動台灣政治更進一步的現代化。

雨中演講批判馬總統

二〇〇八年以後，過度依賴中國的馬總統與國民黨政府，他們的重要政策就是強行推動「兩岸經濟合作架構協議」（ECFA）。原本台、中若簽署貿易協定，應該是「國」對「國」簽署自由貿易協定（FTA）。但是，馬政府在承認以「一個中國」為前提、虛構的「九二共識」之下，刻意使用ECFA這個名稱。

ECFA會帶給台灣什麼？我們只要觀察目前的香港，就一目瞭然。二〇〇三年，中國與香港簽署CEPA（內地與香港關於建立更緊密經貿關係的安排）。結果，香港的主權被剝奪，完全變成「一中市場」（一個中國市場）。因此，現在香港也興起了要求民主化的運動。

眼前台灣面臨急迫的危機，因為ECFA，經濟將完全被中國市場淹沒，政治上的主權也很可能不保（這是對「台灣存在」、「台灣經驗」的完全自我否定），這當然也引起輿論的反彈。在野黨台灣團結聯盟（台聯）提出ECFA應該付諸公民投票，但卻被行政院公民投票審議委員會否決了。一般認為，背後是馬政府在施壓運作。

事情演變至此，我終於按耐不住了。二〇一〇年六月，在野民進黨在台北發起抗議示威遊行，我參與走在前頭。參加示威遊行的人，有很多是因為ECFA遭受打擊的製造業、農業等相關產業的人。在總統府前集結了十五萬民眾，剛好下起大雨，我在大雨中發表演說批評：「既不聽人民的聲音，也不讓人民公投決定，馬總統已經沒有資格當台灣總統了。」但是，馬政府依舊無視於人民的要求，執意與中國簽署ECFA。這是百分之百否定「台灣經驗」。

此時，提倡「東亞共同體」的日本首相鳩山由紀夫，因美軍駐普天間基地的問題而引咎辭職，由民主黨新黨魁菅直人繼任首相。二〇一一年三月十一日發生東日本大地震，日本的政治更是一片混沌不明的樣貌。日本和台灣同樣都面臨了國家的危機。

二〇一二年一月，總統和立法委員的選舉同時舉行，馬總統與執政的國民黨再度勝選。究其背景，與中國有生意往來的大企業紛紛表態支持，是不可忽視的因素。另一方面在野民進黨選舉失利的原因，是因為仍受到陳水扁執政時代的腐敗印象的影響。

但是沒多久，馬政府的支持率陡降，現在則是在個位數（百分比）附近低迷不振。為什麼呢？因為情況與馬總統宣傳的相反，台灣的經濟根本沒好轉，貧富差距一再擴大，失業人數也一再增加。

近年台灣積極鼓勵企業到中國發展，資金持續外流，導致國內投資率幾乎沒有上升，就業機會也持續向海外移動。反過來看，國內的就業機會減少了。這當然會形成家庭所得兩極化的現象。雖然家庭所得收入的成長未必與經濟成長一致，這是世界性的現象，但是，由於過度依賴中國的經濟，這個問題在台灣顯得更加嚴重。

儘管出現這樣的現象，馬政府依然在二〇一三年六月，與中國簽署ECFA後

佔領立法院的學生

續協議「海峽兩岸服務貿易協議」（以下稱服貿協議）。中國對台灣開放八十項服務業，台灣則對中國開放六十四項服務業，其中包括電子商務、醫療、觀光旅行業、出版、廣告等，幾乎所有的服務業都包含在內。中國的用意，是為了「大魚吃小魚」。

二〇一四年三月十八日晚上，由於馬政府與國民黨不惜強行表決通過服貿協議，而引發了震撼台灣和東亞的抗議行動。約三百名學生佔領立法院，發起了所謂的「太陽花學運」。二十一日晚上，我接受媒體採訪時表示：「馬英九總統應該傾聽學生們的聲音，盡一切努力，讓學生早點回到學校及家裡。」在二十二日，我又說：「如果我是總統的話，我會與學生們直接對話，聽他們的要求，了解他們要的是什麼、有什麼不滿。」以此敦促馬總統出來直接與學生對話。

但是，三月二十三日晚上，馬政府卻選擇以暴力方式驅離部分佔領行政院的學生。那景象透過電視、網路，傳到全世界。學生之所以發起行動，是因為關心國家。這次學運發展成暴動的可能性，幾乎微乎其微。我看到毫無防備的學生受到暴力對待，幾乎快留下眼淚。

巧合的是，大約二十五年前（一九九〇年），同樣是在三月，數千名學生聚集在中正紀念堂要求民主化，時任總統的我邀請五十三名學生代表到總統府，進行和平對話。台灣媒體將此事與太陽花學運做對比。我個人對馬總統的應對方式深感絕望，真是失敗的執政。

台灣的政治呈現混沌的狀態，責任就在於馬總統。在人民幾乎完全不支持的情況下，馬總統還要強行通過兩岸服貿協議，甚至要求民進黨主席蔡英文撤回「台灣獨立綱領」。然而，不就是因為台灣是獨立國家，他才能被選作台灣的總統嗎？台灣人選出來的總統，若對台灣的獨立感到不滿，就應該辭去總統的職位。

下屆總統大選將於二〇一六年舉行。為了台灣的未來，衷心希望政權能夠輪替，台灣本土派的候選人能夠勝選。

台灣應扮演的角色是傳達中國的真正面目

當前，台灣的未來正瀕臨危機。民主台灣所面臨的威脅是什麼？容我在此闡述。

一是外部問題。或許，中國立刻對台灣強勢進行「軍事併吞」的可能性極低。中國的戰略不像以前那樣拿著鞭子打台灣，而是讓台灣舔糖果。對台灣的商人宣傳台、中統一的好處，拉攏台灣的媒體等等，利用各種方式讓台灣在經濟和政治上淪陷。

台、中人民交流並非壞事，但必須徹底做到「加強防諜」的工作。關乎政治高層與安全保障的重要產業，都應該更提高警覺，以避免遭受間諜活動的滲透。

中國不見得不會再對台灣採取軍事上的恫嚇行為。做為一種喝阻方式，至少台灣必須具備讓中國打消動武念頭的軍事能力。

中國軍事的崛起，是當今國際社會最大的問題。台灣的存在價值在於，成為最了解中國的現實、並且傳達給全世界知道的國家。我認為，無需刻意宣傳對中國的負面消息，但要將中國的真正面目傳達出去，向世界展現台灣特有的卓越見識，以提高台灣在世界上的存在價值。

阻礙國家認同的「族群問題」

如果阻礙台灣民主化的外部因素是中國，那麼內部因素是什麼？就是國家認同的問題。最終能讓中國放棄對台灣動武的，應該是台灣人民「堅強的抵抗意志」、「強韌的台灣精神」。在這過程中，最重要的是人民必須有「將自己的國家，當成是自己的國家」這樣的基本認識。

或許日本人很難理解這個問題。對日本人而言，自己就是日本人，是屬於日本這個國家的一份子，這是很清楚的事。在國際社會，沒有人會懷疑日本這個國家或日本人的存在這個事實。但另一方面，台灣人有對國家的認同問題。這個問題不解決，台灣絕對沒有未來。

在台灣，阻礙共同國家意識的形成，是舊時代的歷史和政治結構所帶來的「族群問題」。也就是本書前面提到的「本省人或外省人」的問題。況且，在台灣有個固有問題：河洛人（明清時代從福建省南部遷來的移民後裔）、客家人（清代從廣東省南部遷來的後裔）、原住民和外省人等出身背景不同的「族群」對立問題。

當然，多年來這些問題藉由通婚、交友和工作關係，以及在民主改革的過程中，已經相當程度得到改善了。但每當政局起變化或者選舉時，透過極端的政治操作及媒體報導，這些問題就會浮現檯面，讓台灣人的神經緊繃。尤其是在政治上有特殊背景的地區，總會有政黨濫用前近代的封建手法，訴求族群團結。

這種手法是人為煽動「是敵或是友」的區別，阻礙「住民的相互連帶感所培養出來的『我是台灣人』」這種「台灣意識」的形成。很明顯，「統一或是獨立」這樣的極端爭論，還有對中政策以及外交政策上顯現的「極端擺盪」，都只是政治鬥爭的延長。對於台灣的前途而言，這類論戰都是「有百害而無一利」。

「新台灣人」的概念

為了解決以上的問題，我在推動一連串民主改革的過程中，提出了「新台灣人」這個概念。我們在台灣完成的民主改革，是我們打破幾千年來「封建思想與社會體制」的產物，是一個全新歷史的開始。在這基礎之上，我呼籲，新台灣人（新時代的台灣人）要團結一致，跨越省籍、族群、出身地的差異，合力鞏固台灣這個「生命（命運）共同體」的連帶關係。

長期以來，中國以經濟利益為誘餌討台灣人歡心，施展統戰伎倆，但近年來，「我是台灣人」的台灣意識反而高漲。這是值得注意的現象。當「台胞」或

「台商」到中國探親、投資之後，親眼見到大陸的現狀，就會捨棄以往的中華幻想，重新體認到台灣才是自己的依歸。對於立足台灣、腳踏實地生活的台灣人而言，自然而然地，最後會回歸到自己的台灣意識。如果是新台灣人的話，就可以清楚了解，台灣與中國是屬於不同的國家，台灣並非中國的屬國這個事實。而且，如果是新台灣人的話，當然很清楚不應與中國進行任何關於統一的對話。

對民族論說「不」

歷史上從未被中國領有過的台灣，為了與中國的大中華民族主義抗衡，一定要備妥新的民族論嗎？我的答案是「不」。民主主義是世界的潮流，歷經民主改革、進入民主國家行列的今天，台灣沒有理由退回到「民族國家」的理念。台灣在民主化過程中所發生的「寧靜革命」，絕對不亞於為了脫離殖民地身分的「台灣民族主義」論述。簡言之，台灣人民的共同體意識必須立基於民主，而非民族。

以台灣民族主義與中華民族主義相抗衡的話，顯然力量懸殊。但若以「民主台灣」與「封建中國」抗衡的話，「小國」對「大國」的概念就不適用了。在民主社會高度發展的美國，不曾聽過他們提起「美國民族」這樣的說法。今天在台灣也是，已經沒有必要再扛起「台灣民族」的大旗揮舞。更別說隨著中華人民共和國的大中華民族主義翩翩起舞了。

從今而後，新台灣人必須改變過去認為「台灣是邊陲」的看法，要以自己的國家為地圖中心，眺望世界。台灣位於世界交通的要衝，因此三番兩次受到外來政權的侵犯。正如我對司馬遼太郎先生說的，台灣人有「生為台灣人的悲哀」的問題。另一方面，台灣位處東西文明的連結點，在促進大陸國家與海洋國家的交流上扮演著橋樑的角色。正是出於地理因素，我們台灣人不得不接受，面對民主與封建激烈交戰的過程。但是，拜此之賜，台灣得以提早邁向近代化，而產生多元文化。

民主台灣的存在是最好的「亞洲智略」

德國哲學家黑格爾曾說，民主化的過程是由獨裁統治到少數統治，然後到民主社會三個階段。政治改革的歷史意義不在於計較民主制度的形式，而在於建立「尊重個人自由意志的民主社會」。

台灣已確立了自由經濟與民主政治，但若要進一步進行民主社會的改造，推展到每一個角落，就必須貫徹主權在民的理念。如果代議制有不足之處，就有必要以直接民主的方式來彌補。新時代的國家意識與社會意識，是互為一體的表裡關係。唯有建立健全的社會，才能邁向正常的國家。

那麼，何謂健全的社會？就是透過「公民」意識的結合，所組織而成的共同體。

又何謂「公民」？能夠將自身的社會正義感和道德感建立在「公」與「私」的分別之上，這樣的人就是公民。台灣是小國，正因為是小國，如果不能將道德的訴求變得更精煉，就無法在以利益為導向的國際社會中生存立足。

兩千三百萬台灣人民，一定要努力建立起能夠相互尊重個人自由意志的民主社會。與此同時，還要讓每個個體能夠融入由「公民」組織的共同體當中。唯有如此，新時代的公民意識和共同體意識，未來必然能取代消極又保守、受限於小圈圈且彼此對立的「族群意識」。這些「新時代的台灣人」在健康的土壤裡扎根、茁壯之後，成熟的民主主義也將根植於台灣。

毋庸贅言，台灣的民主體制與中國的一黨專制、開發獨裁體制之間，有天壤之別。民主台灣的存在，對於亞洲民主陣營的擴展來說，無疑是最值得信賴的橋頭堡。建設民主台灣的意義，不僅針對台灣一國而已，對這地區的各個國家來說，也都是最好的「亞洲智略」。民主台灣的存在本身，可以照亮亞洲的未來。

回顧「歷史真相」的重要性

當我們將古老的地緣、血緣等要素融入「新台灣人」這個概念，建立民主社會之際，最重要的就是回顧「歷史的真相」。

對於歷史過程中發生的被殖民經驗、各式悲劇與其主謀者，我們一方面予以嚴厲批判，另一方面也要懂得超越自我的悲傷，諒解他者的處境。這也是建構今日台灣的要素之一。因為「歷史的真相」是無可爭辯的事實。如果我們完全否定歷史或曲解歷史，便無法將自己的歷史擺在主體上。不僅如此，就連我們所建構的理念，終究只是空中樓閣罷了。

新時代的台灣人應該藉由「釐清歷史真相」，把握現在，抱持信念，朝未來邁進。

我曾多次強調，不應該以來到台灣這塊土地的先後順序，做為是否為台灣人的判斷標準。「族群」的人口規模也與此無關，這類論述不過是將現在的台灣人民視為「偶然的集合體」。

不論是台灣的原住民、明清時代遷到台灣的移民，或是一九四九年前後從大陸來的軍隊及平民，所有的人都想在台灣這塊土地上打造一個理想的鄉土。而且，不同背景、經驗的人多元碰撞後，力道相互增強，從而產生的強韌連帶感——這一定能讓新時代的台灣人這個理念變得更有深度、更充滿活力，也更豐富。新時代的台灣人彼此之間的連帶，也是開拓台灣未來無限可能性的根源。因為對全體台灣人來說，台灣已從「異國」變「故鄉」了。新時代的台灣人一定要揚棄過去那種「被人拋棄」的漂流者意識。

經過半世紀的經濟奇蹟與政治革新，帶來了第一階段的「台灣經驗」。尤其是十幾年來的民主改革，解決了許多以前留下的歷史課題。現在，我們力圖以更穩健腳步，實施更深化的民主改革，以積累第二階段的台灣經驗。

在這過程中，人民的台灣意識應該會更為增強。現在正是所有台灣人超越過去的恩怨，攜手共創新局面的時候。台灣是否能成為正常的民主國家，邁向一流國家的行列，關鍵在於：新時代台灣人的意識強化工作到底會不會成功。由此可知，愛台灣這塊土地的人、以台灣為優先的人、認同民主台灣價值的人，才符合新時代台灣人的定義，才是今後台灣需要的人。

台灣應該是「民主人」的共和國

以「新時代台灣人的台灣」為主體的社會，一方面以民主、自由、多元、開放為基調，到底「應該做些什麼呢？」是很重要的問題。新時代台灣人不能只是抽象的概念，更不能只是口頭上的理念而已。

伴隨著「主權在民」政治理想之實現（經由民主改革），全體國民可以享有國家主人翁的地位。這就是新時代的台灣人應該擁有的國家目標。台灣社會仍然有很多人散落在各個角落，未能受惠於民主改革。他們在經濟上位居劣勢，社會身分也與民主政治所期待的，一定的公民資格相距甚遠。絕不能容許台灣的民主

為了實現「第二次民主改革」，目前作者正努力巡迴各地演講。照片為作者訪問南投縣中寮鄉的小學。

社會變成「國家富足，人民貧困」的情況。我們要求二十一世紀的台灣人民，都能獲得生活上的安定與尊嚴。

今天台灣採取資本主義的經濟型態，是必然的趨勢。但是，台灣社會若還是像這樣欠缺足夠的公平正義的話，資本主義的體制也可能對政治活動和社會生活帶來不良的影響。尤其是資本獨佔的現象，將引起貧窮階層的不滿。結果導致標榜「自由、平等及社會全體參與」的民主政治無法維持下去。

面對「現代化高樓大廈與破落屋舍比鄰而居」如此不協調的都市景觀，政府相關人士應該對國民感到慚愧和抱歉。如果台灣人民在享受政治自由的同時，卻無法擁有經濟上的自由，那麼民主台灣的進展便可能蒙上陰影。選舉時的賄賂行為，也就是將投票權轉換成金錢等行為，就可能頻頻發生。這將成為國家的致命傷。

誠如馬克思所警告的，資本主義經濟包藏了招致自我毀滅的要素。不能放任市場經濟橫行，必須戮力於公平、正義的貫徹執行。也就是藉由「慈悲的資本主義」，在勞資之間公平地進行財富重分配，以防止貧富差距擴大，防堵惡質的金權政治。這才是台灣目前的當務之急，因為這攸關人尊嚴的問題。我期盼台灣不僅是民主的共和國，也應該成為可贏得政治、社會、經濟平等的「民主人」的共和國。

從這樣的問題意識出發，我將總統任內（一九八八年至二〇〇〇年）的政治民主改革定位為「第一次民主改革」，將「為了達到社會公平正義」的改革定位為「第二次民主改革」。為了說明我的構想，我經常到台灣各地巡迴演講。

以下是我演講時發送的中文手冊內容。當然，日台所處的政治、社會狀況並不相同。但近年來，日本也出現「地方創生」的要求，中央與地方或者人民內部如何消除經濟上的差距等等，或許可以說是日台之間共同的課題。希望這些內容能夠讓每位日本朋友，對於我的問題意識以及目前正在處理的政治課題，都能夠有進一步的了解。

第一次民主改革及其極限

自一九八七年宣布解除戒嚴，開放集會結社，開放黨禁報禁，九〇年代我國歷經一連串民主化改革過程，終止戡亂時期、國會全面改選、總統直接民選、政黨輪替政權和平轉移，威權體制瓦解，台灣成為亞洲民主轉型最成功的典範，經濟社會也日趨自由化、多元化，這是第一次民主改革的成果。

威權政治的壓迫是直接的，激起的民主改革熱情，也相對波瀾壯闊。不斷民主改革，不但解決當時我國經濟社會發展的瓶頸，也是台灣存在價值的關鍵所在。但是近年來民主發展不但顯現疲態，甚至有退化的狀況。政黨之間陷入無理性的對抗，政治領導人淪落為虛浮不負責任的政客。司法不公，更完全失去人民的信任。第一次民主改革成就已達極限，碰到了無法突破的障礙。

民主改革以來，兩次政黨輪替經驗證明現行民主體制本身存有重要缺陷。民進黨少數執政，固然寸步難行，國民黨絕對多數執政，政府一樣失能失靈。這樣民主的體制若不再進一步改革，已無法有效解決國家的重大問題，反而經常衍生更多的問題。

如同其他新興國家，台灣民主是從對抗威權政治開始，政治改革後，社會裡仍然埋藏著威權的組織遺脈，掌握政府和政黨權力者常有贏者通吃的心態，忽視其他人的意見及不同地區或社群的權益，從而加深族群、派系和意識形態的對抗。政治人物常常只空喊口號，沒能力處理國事，更忽略地方發展落後，所得分配不均，以及各種不公不義的問題。人民則對民主失去信心，推動民主運作與提升的活力下降，甚至連維護民主的意願也在流失。

但是改革不會憑空而來，改革永遠會受到既得利益者和保守觀念的抵抗，改革必須靠人民的熱情。人們並不是不知道，現行民主體制亟需改革，但是像憲政架構等問題的改革倡議層次較高，就一般民眾而言，似相去甚遠，激不起人民的熱情，缺乏足夠的社會動力，難以推動，甚至於無法啟動。

因此，改革要從人民切身的問題開始，而切身問題多數也是地方問題，所以目前充滿不公不義的地方政治，恰是第二次民主改革最理想的出發點。像歐美民主政治的發展，也是從中世紀城邦自治經驗開始，經過數百年的實踐，累積豐富的民主文化，才能建構出成熟的民主國家。

從地方生活共同課題切入，讓人民共同處理日常切身的公共事務，研議切身議題的解決方案，自可啟發人民的熱情，透過社會學習的過程，建立新的民主治理文化，則使人們突破既有的歷史、社會和文化意識形態糾結，建構共同願景，最終也會突破地域界限，打造台灣整體民主的堅固基石。

第二次民主改革的三大優先方向

台灣社會目前最迫切的課題是改正現在由上而下的政治體制和文化的偏差，消除現有的不均、不公、不義的現象，激發人民全面推動改革的熱情，打破黨派和意識形態的對立，建立真正全民參與而為全民謀福利的民主。我們從人民切身的經濟發展機會、社會權利、民主參與等課題切入，由地方與社區的生活出發，提出「經濟均衡發展」、「資源公平分配」，以及「權力還給人民」三大改革方向與具體主張，做為第二次民主改革的優先議題，結合全民智慧與力量，擬訂法案，積極鼓吹，利用最近兩次大選，逐步推動落實。

（一）區域均衡發展：全國各地區都要有發展機會

由於政治和政策的偏差，目前我國的經濟發展過度向部分地區傾斜。被冷落的地區經濟沒落，人民得不到合適的就業與發展的機會，許多資源閒置。而發展集中的地區則生活擁擠、房價高漲，弱勢者難以生存，廠商也成本高漲。這種現象使國家資源未能做有效利用，經濟成長潛力無法充分發揮，人民生活充滿不平、痛苦以及失望。

要恢復國家成長的活力，我們必須讓各地，以及各地的人才和其他資源，有公平被運用和發展的機會，以求在各地普遍創造繁榮和就業機會，並且創造多元特色及優質生活環境，而提升國家整體的國際競爭力及國民福利。我們優先推動的政策包括：

(1)國土應重新規劃，盤點各地可運用的資源、潛能以及特色，制訂「國土綜合開發法」，結合中央與地方研擬具有特色的區域發展計畫，讓各地有公平合理的發展機會。

(2)中央政府的重大政策、產業政策以及其他重大政策，都應先通過獨立的地方均衡評估，而優先採取有助地方平衡發展的方案。

(3)研擬將部分中央機關遷至大台北以外地區（如高鐵站區），以均衡地方發展，提供更方便之服務，以及分散風險。

(4)低發展地區提出發揮其特色及運用其閒置資源之經建構想時，中央應積極協助其規劃，並優先給予相關支援。

(5)各地方政府應注意轄區內各地區發展機會之均衡，特別是運用較不繁榮地區的土地等資源做為吸引人才及經濟活動，以及改善生活環境之利基，從而促進全面更平衡之發展。

（二）資源公平分配：各地人民享有同樣基本福利

各地發展不均的結果，使許多地方財源不足及建設都嚴重落後，因此其人民所能得到的政府服務及福利都遠低於繁榮地區，一個國家出現多個世界而極不公平。對各地人民的這種不公平、現在又使貧窮地區更無力留住和吸引人才及產業，因此形成貧窮落後以及不公平的惡性循環。我們必須改革造成這種不公平及惡性循環的制度，保證各地區人民必要的基本福利都能得到公平的照顧。這其中最關鍵的應是財政資源的公平劃分。不過，公平並不是大家都得到相同的預算或服務，服務方式必須因地制宜，對弱勢地區的照顧和預算也可能必須較多。

在這種真正公平的目標下，我們優先要推動的政策包括：

(1) 各地財政分配最主要的依據應是人民的基本福利需求，而不是目前造成貧者愈貧之惡性循環的經濟和稅收能力。「財政收支劃分法」應依相關指標建立公式，以使人民教育、醫療、交通、治安、防災等等基本需求都能得到足夠而公平的經費。

(2)中央應依中小學生人數分給地方充足之教育經費，對偏遠地區並應增加其經費以維持和人口集中地區相同之教育品質。政府並應以巡迴和網路等方式提供講座、圖書館和家教以協助偏遠地區之教育。

(3)偏遠地區之醫療設備雖不能和都市一樣好，但仍應有合適之基本服務，並應有比都市更好的遠距離醫療和緊急救護服務。

(4)非都市地區之交通應使居民能方便取得位於都市之服務和機會，政府對偏鄉人民之每人實際交通補助不可低於大都會。

(5)政府應以網路等方式提供偏鄉充分之資訊和文化服務，消除城鄉落差。

(6)地方和中央公務員應有平等的職等、待遇以及發展機會。

（三）權力還給人民：政策應由人民真正意願決定

各種不均和不公現象的主要原因，是人民未能方便地參與政治和決策，國家權力常被少數人把持，而忽視人民真正的感受和需求。這是代議政治、中央集權、黑箱作業以及威權遺脈的結果。我們必須強化人民直接參與民主決策的管道，將更多權力釋放給地方和人民，讓政府資訊和決策過程透明化，並且在思想和實質上掃除威權時代遺留的民主障礙，人民才能有權力、有熱情、有資訊，而不恐懼地參與政治、表達意願、爭取權益，我國也才能成為真正民有、民治、民享的國家。

我們要優先推動的政策包括：

(1) 中央應把更多權力還給地方，地方能做而不妨害國家整體利益的事項，應漸交由地方政府與人民決定，以求更貼近民意，也讓人民因為影響力及本身利害關係的提高，而更熱心參與決策與監督。

(2) 降低地方議題公投之門檻，刪除不必要的束縛，使公投成為地方決策及解決爭議的重要途徑。

(3) 地方內之局部地區和局部事務，可研究由該地區及相關之人民進一步自治。例如學校可由學區人民組成委員會參與監督管理，原住民部落可自治其傳統文化相關事物等等。

(4) 推動審議式民主、網路民主以及各種方便並擴大人民參與之民主決策方式。

(5)提供公益頻道及公益時段，讓各政黨和人民團體能有公平的機會向人民說明其理念和政策主張，以免輿論被媒體、資本家或部分政治勢力壟斷。

(6)政府的預算、決算、政策規劃、提出之法案，以及其他重要資訊，都應以人民可容易取得的方式公開透明化。地方議會應設法制及預算局以公開分析評估法案及預算案。地方議會也應和立法院類似，以實況轉播來方便人民監督。

(7)檢討並消除各種讓人民不能夠公平而無恐懼參與民主政治的障礙。

第四章

日本與台灣的國防論

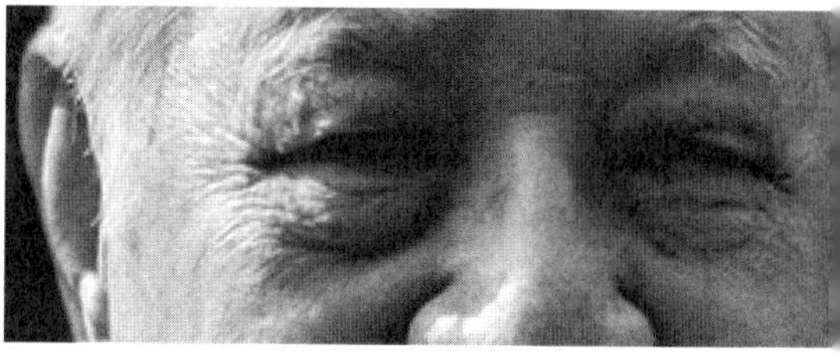

歡迎日本行使集體自衛權

二〇一四年七月，日本內閣開會決定，允許集體自衛權的行使。對於安倍晉三首相的決定，日本國內有人表示反對意見。但以美國、澳洲為首，及印尼、菲律賓、越南等部分東南亞國協（ASEAN）國家也都表示贊同。如此一來，中國在釣魚台列嶼、南海問題上，將無法再貿然行動，安倍的決定相當有助於東亞安定，也會為台灣帶來良好的影響。

一般認為，一九八九年冷戰結束，美國就此確立了世界霸主的地位。但實際上卻發生了杭亭頓所說的「文明的衝突」。雖然法蘭西斯・福山（Francis Fukuyama）曾經主張「歷史的終結」，不過若說「對立的歷史」已經結束，則又未免言之過早。二〇〇一年遭受九一一恐怖攻擊的美國，為了處理中東問題而陷入泥沼，對亞洲安全的保障轉趨保守，接著又在二〇〇八年遭受「雷曼衝擊」（Lehman Shock），轉眼間失去了經濟上的領導地位。

雖然美國現在仍維持壓倒性的軍事力量，然而日本允許集體自衛權的行使，對於「因經濟失速而面臨刪減國防經費問題」的美國來說，確實是好消息。

另一方面，美國經濟失速之際，中國趁機崛起了。但是，現在的中國毫無興趣成為所謂的「G2」，與美國共同維護國際秩序。美國政治學者伊恩·布雷默（Ian Bremmer）在《G-Zero：為什麼世界政經缺乏領袖？未來何去何從？》（二〇一二）一書中，對此情況有詳盡的分析。所謂「G零」，是指不存在世界霸主的時代。也就是，「全球霸主的調停功能盡失，在亞洲及中東地區，地緣政治的風險大增」這樣的時代來臨了。

布雷默指出，中國依舊聲稱「自己還很窮」，迴避了世界霸主的責任。中國的理由是，國際貨幣基金（IMF）與世界貿易組織（WTO）都是西歐國家創設的，與中國無關。但事實上，中國並不具備取代西歐、打造出新體制的能力。中國頂多只能三番兩次干涉周邊國家的內政與領土，藉以誇耀自己的力量。

我常用「暴發戶」來形容中國的舉動。以經濟力為後盾，中國從越南奪取西沙群島，插手南沙群島菲律賓領有的區域，並且不斷侵襲釣魚台列嶼的領海、領空等日本領土，這就像是全身上下塞滿錢亂耍威風的暴發戶一樣的心態。

雖然現在中國的國內生產毛額（GDP）僅次於美國，位居世界第二，但是人均GDP約七千美元，僅佔日本的六分之一。貧富差距懸殊，總人口不過百分之一的富豪階層，卻擁有全國個人資產的三分之一。再加上快要崩盤的天價不動產、貪腐的公務員、激烈的反日示威活動、令人無法置信的環境汙染等等，光是處理這些國內問題就已疲於奔命。

雖然如此（或者應該說，正是因為如此），習近平主席絲毫不掩其覬覦領土的野心，到處與周邊國家挑起紛爭。近年來，中國為了轉移人民高度不滿的注意力，三番兩次對周邊國家進行霸權式的干預，國際社會都很擔心，中國這些舉動恐怕還會持續下去。

習近平的政治手法，可說是倒退回毛澤東時代的概念與思想。中國的軍事擴張與武力介入，迫使美國負起更大的責任，而中國也早已看穿，美國沒有能力單獨維護東亞的安定。

二〇一三年底，中國片面劃定東海防空識別圈，美國對此只能表示「憂心」，沒辦法明確要求中國放棄、撤回。日本必須一改凡事依賴美國的政治態度。應該「以建立對等的夥伴關係為優先考量」，並思考美日同盟的新時代已經到來。不過，今後東亞安定的主軸仍是美日同盟。即使美國的經濟力已經衰退，結論依舊不變。

從歷史上回溯美國的外交，可發現兩股相反的動向。一是，體現拓荒者精神、自由以及民主主義等美國傳統理念的動向，這由「代表每個人民的議會」來體現。議會背後，還可以看到輿論的支撐力量。人民擁有強大的力量，因此，即使是最高權力者如總統，也不能漠視國會、擅作主張。

另一股動向是，想方設法讓「當下面對的種種內政、外交事態」，朝向「符合美國國家利益的方向」發展的那種「行政部門的動作和動向」。行政部門只是一種事務性質的存在，而其領導人就是總統。總統與議會之間圍繞著對政策的不同意見，常處於緊繃狀態，一方面互相矛盾、對立，另一方面又支撐著美國這個大國的政務運作。重要的是，最終美國議會所代表的精神總會勝出。從維護東亞安定的角度來說，「與美國同享議會民主精神」的日本和美國之間的結盟——「美日同盟」，其重要性依舊不容置疑。日本允許行使集體自衛權之後，應該可以讓兩國的關係更為緊密。

人類為何反覆進行戰爭？——托爾斯泰箴言

排斥「集體自衛權與軍備問題」的人，其實是對「人類的歷史，就是不同國家、組織、權力之間興亡更迭的歷史」這個事實視而不見。光是口頭上說「不可以戰爭」、「違反人道」，和平絕不會就此到來。面對外部的壓力，應該如何保住和平？領導人的責任就是思索和平的具體方法。

人類為何反覆進行戰爭？針對這個問題，俄國大文豪托爾斯泰（Tolstoy）在其《戰爭與和平》一書中提出了精闢的見解。他在這本書的結語〈有關《戰爭與和平》這本書的幾句話〉當中，寫出他最關鍵的思考。

「到底是為了什麼，數百萬人彼此互相殘殺？從創世紀開始，大家就很清楚，不論從肉身觀點或精神觀點來看，那都是罪惡。

然而，那卻是命定的需要。就像蜜蜂每到秋天就互相殘殺、雄性動物會殺害彼此一樣，人類相互殘殺的同時，就是在實踐自然的、動物學的法則。除此之外，其他答案都無法回答這個恐怖的問題。」

托爾斯泰指出，追究歷史事件發生的原因，顯然不是人類的理性可以說明和解釋的。若要追究一大群人為何在戰爭中互相殘殺，只能說是動物法則，就像雄性動物會彼此殺害一樣。

我並不想在此假借托爾斯泰的名義，闡述「戰爭是不得已的」這種論調。縱使這個世界難以消弭戰爭，戰爭也只是生活中的例外，對大部分的人來說，和平才是我們日常生活的現實。難以實現的是根絕戰爭，而不是和平。

容我繼續補充，所謂「沒有戰爭的狀態」，不過是政治社會的出發點而已，光是那樣，並不能保證人民都過著自由、豐裕的生活。所謂「沒有戰爭的和平狀態」，不過是政治主張中最卑微的要求。

當然，真正的問題在於，該如何做才能實現和平。為了實現和平，就主張禁絕所有的武器，不過是絕不可能實現、烏托邦式的和平論調罷了。但相反地，若以為「唯有用武器不斷威嚇鄰國，才能夠保有和平」，就超出了國家的自衛原則，是「自己積極發動侵略」的愚蠢行為。

因此，有關和平的論爭，其實不是針對和平，而是針對實現和平的方法之爭論。

全球化資本主義招致戰爭危機

如果國家無需顧慮人民的犧牲，那麼做為確保本國安全的政策，戰爭或許是很有效的方式。如果想藉由「與對手國的協商、協議」而保住和平，無可避免地，就需要與價值觀、文化迥異的對手妥協。但是，訴諸戰爭可省去外交協商的辛苦過程，很可能就可以剷除對手，解除威脅。不僅如此，唯有訴諸戰爭，國家才能將立基於自身理念的理想秩序，推展至區域全體。這就是使歷史產生變化的「實力原則」。

我現在說的，並非與當前的國際環境變化無關。讓世界經濟爆炸性發展起來的全球化資本主義，內含許多本質性的缺陷。長此以往，若無適當的對策，很可能造成國際政治越來越不安定的局面。

那麼，全球化資本主義的本質性缺陷到底是什麼？在此列舉以下三項。

一、成為世界金融很大的不安定要素。

二、讓所得差距擴大，結果產生「健全的中產階級消失」這種社會的兩極化現象。

三、加速地球環境的汙染，並衍生出全球性食品汙染的連鎖反應。

「超越國界，讓經濟資源可以自由流動，是最理想的世界。」這種全球化資本主義的基本思考，其實存在許多問題。誠如許多經濟學者所指出，問題在於：若過度誇張「資本自由移動」的優越性，只會讓「伴隨而來的危機」擴散。我認為每個受到全球化影響的國家，都應該嘗試進行這類經濟理論的修正。

誠如「G零」這個概念所顯示的，由於美國的衰退，世界上已經沒有任何國家可以稱得上是霸主。面對這樣的局勢，有實力的國家很自然會受到「展現實力」的誘惑。這樣的國家很可能在政策上或言行表現中高舉「正義」大旗，將武力行為正當化。在全球化資本主義橫行、國際環境的變化之下，人類將再度面臨戰爭的危機。為了維護和平，每個國家都應該好好思考和檢討，什麼才是切合實際、更為審慎的政策。

武力的必要性

就國家內部而言，「國家」是唯一擁有強制力的主體。因此，政府才可能做到「以暴力為後盾來執行法律」。但另一方面，在真正民主的社會中，違背人民利益的政府也可能在選舉時遭淘汰。從這點來看，就比較不用擔心人民的利益會受到侵害。

然而，就國際政治而言，並不存在一個「可以對個別國家行使強制力的執法主體」。即使像聯合國那樣的國際組織，也不具備如此的強制力。只要國際政治上不存在一個可以「承擔、保障國防與安全」的主體，各國除了自我武裝維持生存之外，別無其他選擇。

如此一來，每個國家都聲稱擁有自己的主權，每個國家都擁有軍隊，然後不斷地相互抗衡，呈現出國際政治的新面貌。所謂「被少數國家壟斷、國際政治的現實」，就是主權國家為追求國家最大利益所呈現反覆鬥爭的過程。在這過程中，對法律或正義的訴求，都顯得完全沒有意義。即使我們假設存在法律或者正義這樣的觀念，現實的國際關係仍舊是一個「與正邪善惡概念」完全無關的領域。

容我再次強調，並不存在一個位於國家之上，具備實質效力、可以執行法律的主體，也不存在這樣一個國際組織，可以承擔、接管我們國家的防衛任務。不論跨越國境的貿易和人員的往來是如何地頻繁、擴大，都無法保證不倚靠武力也能實現國防安全。若要維繫國際政治的安定，就不能輕忽各國之間相互壓制、威嚇所形成的「力量的均衡」。因此，絕對不能排除以武力做為政策手段的必要性。

在今天，戰爭仍是國際政治上的「現實」。冷靜地正視這個現實，一方面維持軍力，另一方面思考「不訴諸戰爭就能夠維護秩序，增加國家利益」的方法，才是務實的見解。

台灣地緣政治的重要性

從目前的狀況來看，中國要成為像日本、台灣這樣的民主國家，要到「無限的未來」才可能發生。為了對付中國，台灣、美國、日本和澳洲等民主國家必須聯手合作，制止他們打壓人權，才是關鍵。

中國增強軍備的最大目的是統一、併吞台灣。如果美日因顧慮中國，而採取承認台灣是中國領土的態度，那麼中國便可以放心地增強軍備。這是非常危險的事。台灣若被中國侵略，最大的受害者將是日本。台灣海峽每天有四百艘船隻通過，日本的海上航路將受到中國的制約，就像被掐住喉頭一樣，不得不屈服。而且，中國併吞台灣之後，接下來就是釣魚台、琉球（沖繩）、朝鮮半島，一步步逼近日本。

台日兩國都重視人權與和平，都擁有相同的價值觀，是亞洲最民主的國家。兩國都是海洋國家，譬如海上航路等，有許多利害一致的地方。兩國有必要也有義務共同守護東亞的安定與和平，因此需要進行安全保障上的對話。但很遺憾的是，兩國之間尚未建立這樣的合作關係。

許多日本人了解台灣是日本的生命線，重視與台灣之間的關係。但是，我現在所提的觀點，卻沒有反映在日本的國家政策上。在一九九七年制訂的新美日防衛合作指針當中，首度載入「周邊事態」這個概念，但日本政府卻未明言「周邊」究竟是指哪些地區。很明顯的，除了朝鮮半島之外，就是台灣海峽了。

一九九六年，在我競選台灣第一任民選總統之際，中國進行了飛彈軍事演習。為此，美國派遣兩艘航空母艦到台灣海峽牽制中國。當時美國知道台灣可能發生軍事衝突，因而成為美日安保條約中防衛合作指針載入「周邊事態」概念的契機之一。

當年日本幾乎未報導此事，台灣方面也默不吭聲。當時由親中派的橋本龍太郎執政，但橋本內閣在美日防衛合作指針中載入那樣的內容，是不可忽略的事實。二〇一四年七月，安倍內閣允許集體自衛權的行使。事實上，類似的問題從以前就一直受到矚目和討論。對於台灣地緣政治的重要性，至少日本政府是有所了解的。

令人遺憾的日本態度

容我再次強調，台灣是日本的生命線。然而，從一九七二年中日建交、台日斷交以來，台日兩國在失去法律依據的狀況下，仍繼續維持著經貿、文化層次非官方的實務關係。因此，現在日本也應該在各種法律層面上重新整建（譬如制訂台灣關係法），像對待其他國家那樣對待台灣。

一九七二年，日本與中國建交，對於兩國的建交，台灣未曾提出任何反對的意見。但是，當時日本對於中國主張「台灣是中華人民共和國領土不可分割的一部分」，雖未予以承認，卻表明「理解與尊重」，對此我們就無法接受了。因為日本這種態度意味著對台灣人民「既不理解，也不尊重」。

長期以來，日本在教科書及地圖上的標示方式，彷彿台灣就是中國的一部分，只能說令人遺憾。重視「真實與誠實」，是日本人內心深處的價值。也可以說，台灣人喜歡日本的原因，就在於日本人那種誠實的民族性。而日本政府的立場，是對「台灣是中國的一部分」這個中國的主張予以「理解、尊重」，因此我不得不說，這距離「真實與誠實」實在太遙遠了。

台日之間不存在領土問題

關於釣魚台列嶼，我從以前就主張台日之間不存在領土問題。很早以前，馬英九總統便開始宣傳「釣魚台是台灣的」，但我擔憂，那樣的宣傳只是有利於中國「藉以離間台灣與日本」而已。那樣的態度很容易撕裂台日友好的關係。

馬總統是台灣最早炒作「釣魚台列嶼歸屬問題」的人。一九七二年，他首先在國民黨的報紙《波士頓通訊》（*Free Chinese Monthly*）[1]中發表：「我們擁有釣魚台列嶼的主權」。當時正值聯合國公布海洋法，而且釣魚台周邊海域海底發現石油的消息已經傳開，在此時機，他提出「釣魚台是台灣的領土」，應該是想發揮愛國心，爭取人民的支持。

但是，釣魚台列嶼是日本的領土，這在歷史和國際法上都是相當明確的。日本宣布擁有釣魚台的時間是在一八九五年，台灣與中國第一次主張擁有釣魚台的主權是在一九七一年。在日本宣布擁有主權的七十六年後，台灣與中國才提出主張，其實是說不過去的，到頭來將會是一場空。

關於釣魚台周邊海域漁業權的問題，我希望依據二〇一三年四月所簽署的台日漁業協定，雙方能夠圓滿解決。這項協議是安倍首相發揮卓越領導能力而促成的，我給予高度的肯定。有文章指出「李登輝透過旅日台灣人，說服持反對意見的沖繩縣知事」。這種說法毫無根據，我完全沒插手。一切都要歸功於安倍首相的決斷。

在日本統治時期，釣魚台列嶼就與台灣有密切的關係。自古以來，釣魚台列嶼周邊海域對沖繩及台灣的基隆、蘇澳漁民都是很重要的漁場。當時台灣和沖繩都隸屬於日本，台灣與沖繩的漁民並無差別，都在釣魚台列嶼的漁場捕魚。

但在第二次世界大戰日本投降之後，沖繩被美國接管，台灣被國民黨政府佔領，分別接受不同政府的管轄。期間，台灣與沖繩的漁民共享釣魚台列嶼的漁場，但美國歸還沖繩給日本之後，台灣便與沖繩隸屬於不同的國家。

不過，日本政府在未考慮這樣的歷史背景之下，竟將台灣漁民習慣於釣魚台海域捕撈一事，視同國際法上侵犯領土，藉此驅趕台灣漁民。因此，我在擔任總統時就針對漁業權問題，與日本農林水產省展開協商。台日之間關於漁業協議的協商始於一九九六年，在二〇〇九年曾經中斷。直到安倍首相上台後，他認為「台日漁業協議應儘速簽署」，這是日本首相首度下達指示。之後，台日重啟漁協談判，最後簽署協議。為了台灣漁民，我很期待早日簽署漁協。完成簽署是好消息，我認為這是「歷史上的壯舉」。

根據台日漁業協定，釣魚台列嶼十二海里外的海域內，北緯二十七度以南到

1 譯註：中國國民黨海工會旗下在美國發行的雜誌。

八重山群島北側，屬於台日共同海域，據說在這海域內可供撈捕的鮪魚數量正穩定增加中。關於台日漁業協定的運用、捕撈原則的規定等，當然還需要進一步調整。我們期待安倍繼續發揮領導力。

此外，二〇一二年十二月五日的《朝日新聞》做了以下的報導：在一九九〇年，台灣曾有祕密作戰的計畫，擬派台灣軍方的精銳部隊登陸釣魚台，但被當時擔任總統的我制止了。但歷史的事實是，並不存在那樣的祕密登陸計劃。真相是這樣的：當時曾經計劃，台灣漁民在釣魚台海域捕撈時，海軍跟隨護航。是我下的命令，要海軍不可進入日本領海。

日本最大的課題是修憲

政治一定要持續改革。對當今的日本來說，最重要的課題是如何修改國家根本大法（憲法）。誠如各位所知，現在的日本憲法原本用英文撰寫，然後翻譯成日文。也就是說，戰勝國美國為了不讓日本再度與美國兵戎相向，將現在的日本憲法硬塞給日本。其中第九條規定，禁止日本擁有軍事力量。因此，日本才會將國家的安全保障託付給美國。

為了能真正獨立自主，日本需要做什麼？若立基於歷史事實來思考這個問題，就不能迴避憲法問題。長久以來，在日本討論修憲一直被視為禁忌。以左翼人士為首的部分日本人，似乎根深柢固地認為「正因為有第九條，日本才可以過著和平的生活」。但在我看來，不願面對現實，或無視於憲法問題，寧可選擇不關心，都明顯威脅到日本的國家安全。

對我來說，日本憲法已經超過六十年一字一句都沒修改過，這種情況才叫做不正常。無視於時代的改變，無視於日本和日本人民所面對的情況一直在改變，放著國家根本大法「憲法」的修正工作不管，難道不會被國際脈動與時代潮流拋在後頭、走向衰退嗎？

在此脈絡下，安倍首相決定允許集體自衛權的落實，就是邁向安倍政權最終的目標「修憲」（特別是修正第九條）的第一步。日本邁向獨立自主，也有助於亞洲地區的和平與安定。所以，以台灣為首的亞洲各國，非常歡迎也很期待「日本的再生」。

「失落的二十年」的原因

日本再生的條件之一，其實就是我十幾年來一直呼籲的，日本若想擺脫經濟上的困境，就必須實施「設定通貨膨脹目標」等大膽的金融政策，同時還要出動大規模的財政政策以強化經濟。這些正是目前正在推行、被稱為「安倍經濟學」的一連串政策。

檢討起來，被說成「失落的二十年」，日本長期低迷不振的原因究竟為何？我們可以追溯到一九八五年的廣場協議（Plaza Accord）。原本一美元兌換二五〇日圓，到了一九八七年底，飆漲到一美元兌換近一二〇日圓。由於日圓升值，在日本國內難以經營的日本企業，都紛紛將資金和技術轉移至台灣、韓國、新加坡和香港等地，雖然這些東亞國家受惠了，但對日本卻是一大負擔。之後，日本企業雖努力降低成本持續進行生產，但已逐漸面臨瓶頸。

旋即在日本有人說：「停滯的原因是因為人口減少。」這是錯誤的解讀。經濟成長的主要因素有四：國內投資、出口、國內消費和技術變化（革新）。對日本而言，最重要的是出口。沒有資源的日本，若想發展經濟，唯有從外國進口資源，製造新的商品，再陸續出口到海外，除此之外別無他途。台灣也是如此。但是，日本因日圓升值，出口欲振乏力。我從以前就反覆提出建言：日本若想突破困境，一定要毅然決然降低匯率。

日本明明有很多大學和經濟學者，但除了耶魯大學名譽教授濱田宏一之外，主張採取日圓貶值政策的人相當少。媒體既不研讀「通貨膨脹目標化制度」（inflation targeting）那樣的「新方法」，而且也沒報導。

泡沫經濟崩盤之後已歷經二十年歲月，從景氣循環的觀點來看，日本應該早就跌入谷底，但事實並非如此。這就說明了，經濟學所說的「看不見的手」——利用市場的調整來擺脫停滯的困境——這個方法已經失效，不值得期待。照理說在這種時候，應該趕快端出政策來應對，但日本因顧慮到國際關係，對於日圓貶值政策尤其視為禁忌。有人批評日圓貶值政策是將失業出口到他國，讓鄰近國家貧窮化，但我並不這麼認為。因為出口成長之後，國內景氣就會復甦，再透過生產能力的躍進，進口自然大幅增加。

每位日本領導人都害怕來自中國、韓國或美國的批評，不敢採取日圓貶值政策。日本銀行（央行）也是寧可「多一事不如少一事」。針對日本這種情況，我在二〇〇三年二月出版的《論爭．超越通貨緊縮》（彭博新聞／日高正裕編著，中公新書 Laclef）論文集中寫道：

「通貨緊縮不僅是經濟上的問題，也是日本政治領導力的問題。如果日本沒辦法從『對美國的依賴』、『對中國精神上的從屬』中掙脫出來，就無法脫離當前的困境。日本必須做到，在國際社會上『經濟和精神上的自立』，才是擺脫通貨緊縮的大關鍵。」

國家經濟的舵手一定要具備強勢領導力。幸好，安倍首相似乎有那樣的領導力。

唬人的「北京共識」

相對於正穩健邁向經濟復甦的日本，中國的經濟成長看起來明顯趨緩。共產黨政府所發表的經濟指標，其實是來自各省、各自治區報告的數值，並未經過檢證，其中很多是造假、不可信的。譬如，內蒙古自治區等，有經濟成長達百分之二〇的年份，似乎誇大其實。

當然，像中國那樣龐大的國家，在經濟成長初期持續百分之十以上的成長，是很有可能的。二次大戰後的台灣，有一段時期經濟成長高達百分之十二至十三。但是，這樣的成長不可能持續十年。

從目前世界的景氣狀況來看，我不認為今後中國的出口還可以大幅增長。而且，中國的國內消費依然不夠強。百分之一的富裕階層，卻擁有所有財富的三分之一，是貧富懸殊相當嚴重的國家。國內消費之所以無法成長，是因為受到貧富懸殊之社會結構的影響，這不是容易解決的問題。此外，近年來中國過度進行國內的投資，已陷入房地產泡沫化的狀態，有泡沫瓦解的危機。但是對中國經濟而言，更嚴重的問題是：受到反日示威、環境汙染的影響，外資紛紛從中國撤退。

有一段時期曾經流行「北京共識」（Beijing Consensus）的說法。這是指中國所採取的「以經濟發展為第一優先」、國家資本主義式的經濟政策。但在我看來，這不過是騙人的幌子。中國只是利用外國的資金和技術（而非本國的資金和技術），加上國內過多過剩的勞動力，來達到經濟的發展，這種作法是無法讓國民幸福的。十三億人口中，中產階級約有二五〇〇萬人，只佔總人口的百分之二，國內不滿的聲音暗潮洶湧。

亞洲的經濟發展原本是以日本的明治維新、戰後復興為範本。也就是以國家為主體，進行「資源分配」。明治時期的日本，以來自農民的地租為基礎來調整財政，將資金重新分配到工業。戰後則採取發展重化學工業的「傾斜生產方式」，讓日本復興。

二次大戰結束時聽到玉音放送到我返台之前的一段時期，我在京都帝國大學讀書。校區內沒有暖爐，非常地冷。燃料用的煤炭都轉為工業用途。消費者在國家主導的「資源分配」下，被迫節約過活。不久之後，韓戰爆發，軍事相關需求促使重工業重新站了起來。對於由政府主導強勢經濟政策的作法，近年在日本國內受到嚴重的質疑，難道是因為忘記了過去曾有的這段經驗？

我在執政時施行的是，以國家為基礎進行「資源分配」的方法。首先致力於農業的發展，然後充分運用農業部門所衍生的剩餘資金和剩餘勞動力，來培育工業。日本的發展就是我們的偉大範本。日本和台灣走過的經濟發展道路，很顯然既不是依賴外國資金和技術的唬人的「北京共識」，也不是以放鬆管制、國營企業民營化、緊縮財政支出等為主要手段的「華盛頓共識」（Washington Consensus）。

日本女性想當家庭主婦的意願，出乎人意料之外

很早以前我就曾以「善加利用女性」為例，來說明日本重生的可能條件。這也是安倍政府目前積極推動的方向。但聽說近年來，日本的年輕人，尤其是女性，想當「家庭主婦」的人不斷增加。這似乎與戰後男女平等的教育，及一九八五年通過的男女雇用機會均等法的精神相違背，令人感到意外。

根據二〇一二年日本內閣府的調查，贊成「先生應該在外面工作，太太應該在家裡顧家」的人，比例超過半數，為百分之五十一．六。自從一九九二年實施這項調查以來，贊成的人持續減少，但自從上次調查開始，轉而增加近十個百分點。而這變化又以二十多歲的世代特別明顯，竟然增加了百分之十九．三。

究其原因，據說是在「失落的二十年」長期不景氣中，有些日本女性對工作感到絕望。女性的社會參與遲疑不前，這對日本的未來是相當負面的指標。在日本，往往將長期衰退的原因部分歸咎於人口的減少。但我認為，過度悲觀看待人口減少的問題之前，應該還有其他該做的事。善加利用女性，正是首要重視的問題。

從目前全球的情況來看，日本在善加利用女性方面，確實落後許多。主管階層中女性的比例，在美英法等歐美企業當中通常是三、四成，但日本只有一成左右。而在台灣，女性主管已經達到兩成。至於高階主管的女性比例，中國、台灣為百分之九，但日本僅有百分之一，可以說非常低。

為何日本在女性的聘僱方面比較落後？我認為主要的問題來自教育。比較女性的大學升學率，日本約百分之四十五（二〇一〇年度），而台灣約百分之六十四（二〇一二年度）。戰後台灣致力於女性的教育工作，女學生普遍嚮往高學歷。即使是明星學校如台灣大學，現在也可以看到許多女學生。有的學院女學生的比例甚至高過男學生，如法學院。在台灣，很多女性努力讀書，就是為了得到比較高的經濟地位。

這可從各種統計數字中看出端倪。根據二〇一二年台灣的調查，大學學歷以上的就業人口中，男性占百分之五十二，女性占百分之四十八，幾乎平分秋色。

從平均薪資的水準來看，例如服務業在一九八〇年，女性的薪資不過是男性的百分之七十二，但是到了二〇〇八年，女性是男性的百分之八十三・六，有逐漸追上的趨勢。從企業領導人（管理者）的報酬來看，二〇〇一年男性是女性的五・七倍，但是到了二〇〇八年則降至四・六倍，顯示女性企業領導人的薪資上升了。

台灣女性的勞動參與比例在二〇〇六年達到百分之四十二・四五，超過日本與韓國，上升為全球第三十五名。這趨勢一直保持下去，到了二〇一〇年，男性的勞動參與比例降至百分之六十六・五二，女性則一路上升至百分之四十九・八九。

我想強調，台灣的已婚婦女不論有沒有小孩，長期以來她們的就業率都呈現上升的趨勢。擁有六歲以下小孩的婦女就業率，在一九八〇年是百分之二十六，到了二〇〇六年則上升為百分之五十六。

台灣的都會區，譬如台北，常可看到媽媽上班前在路邊攤匆匆忙忙吃早餐的情景。在台灣，男女雙薪已經是理所當然，因此常可見到這樣的情景。

與台灣學習善加利用女性

為何台灣女性的就業意願比較高？這可能與台灣原本是「母系社會」有關。

戰後台灣，在農業剛開始發展的時候，很多女性都從事農作，尤其是客家人、原住民家庭，女性所扮演的角色更是吃重。在家裡握有「實權」，對於家裡的工作、農事也都很積極參與。這是「母系社會」常見的行為準則。

但在工業化的過程中，男性與女性的角色分擔逐漸產生了變化。女性在體力勞動和機械操作上比不上男性，因此女性工作出現了多樣化的趨勢。

從工作類別來看，女性主管職的類別分佈，在食品製造業是百分之二十四·四三，飲料製造業是百分之二十七·七四，衣服製造業是百分之二十六·四四，算是比較高。從台灣的主要產業，也就是四大業種（金屬機械工業、資訊通訊工業、化學工業、民生工業）來看，民生工業平均是百分之二十二·九五、化學工業是百分之二十一·三二，顯示出較高的數值。

更進一步從創業者的女性比例來看，台灣是百分之三十九·三，算是相當高。從產業別來看，女性創業者集中於食品、服飾產業，這些都是能夠發揮女性特有感受力的領域。

如上所述，戰後台灣經濟發展的過程中，女性扮演的角色相當吃重，貢獻良多。或許可以說，這是受到台灣獨特傳統、習慣的影響，但更重要的是，戰後實施的男女平等教育政策發揮了作用。這項政策讓台灣的女性能夠接受與男性同等的教育。結果是（雖然因職業不同而有些差別），女性的社會參與、就業情況增加，也有很多女性選擇自己創業、積極參與。現在，活躍於各領域的女性領導人的人數大為增加。對台灣女性而言，「與男性對等工作」已經是很理所當然的事情了。

戰後日本也推動男女平等教育，另外在男女雇用機會均等法成立之後，女性的社會參與情況大幅改善了。然而，在亞洲各國中，日本女性的社會參與之所以顯得較為落後，不就是因為「太太應該在家裡顧家」這種老舊的價值觀作祟嗎？

台灣在二〇〇八年修改性別工作平等法（相當於日本的雇用機會均等法），強迫企業善加利用女性資源，譬如對違反規定的企業提高罰金。這些政策實施之後，設置托兒所或類似機構的企業（二五〇人以上），到了二〇一一年占百分之七十七·三。與二〇〇二年比較，增加了四十一·〇個百分點。

根據二〇一三年日本內閣府的調查，贊成「男主外、女主內」的人僅佔百分之四十四·六，反對的人（百分之四十九·四）比較多。可以說，日本人再度以積極的態度看待「善加利用女性」。國民的老舊價值觀，也可藉由教育、政策的修正而有所改變。但最重要的是政治的領導力。

三一一日本大地震的恨事

在思考台灣與日本的關係時，有件事我至今仍然無法理解。我想談談此事。二〇一一年三月十一日，當我得知日本發生大地震災情慘重，我心如刀割，同時也想到「這次震災，輪到我們報恩了」。台灣沒有忘記一九九九年九二一大地震時受到日本的馳援，以行動報恩的時候到了。當年我對來台遞送慰問金的曾野綾子女士（當時的日本財團會長）許下承諾：「如果日本發生任何事，最先趕到的將是台灣的搜救隊。」現在正是履行承諾的時候。

三一一大地震發生不久，台灣透過交流協會台北事務所（台灣與日本沒有正式邦交，這是日本設立相當於大使館的窗口）向日本提出派遣搜救隊的要求。搜救隊是民間NGO組織，叫做中華民國搜救總隊。隊員都是以志工身分參與工作，在各種災害、事故中展開救援行動。九二一大地震發生時，他們不顧危險，衝進倒塌的建築物內搜救、尋找生存者。可說是象徵「台灣精神」的義氣男人。

三一一大地震時，中華民國搜救總隊在現場搜尋存活者。（中華民國搜救總隊提供）

但是，不知為何日本不願立刻答應讓台灣派遣這支搜救隊。地震發生後的七十二小時，是決定受災者能否存活的黃金救援時間。我們認為情況緊急、分秒必爭，在不得已的情況下，決定自行將搜救隊送到災區。但原本預約的中華航空公司竟以「台灣外交部未同意，無法開票」為由，拒絕載送。在無計可施之下，搜救隊找長榮航空公司協助，長榮答應幫忙義務載送三十五名隊員和三公噸裝備到成田機場。抵達成田機場時已是三月十三日下午一點多。這是來自台灣的第一批搜救隊。

然而，搜救隊雖已抵達日本，卻不知該到哪個災區。此時日本外務省竟說：「還沒準備好接納台灣的搜救隊。」直到三月十五日，日方仍未發出緊急通行證讓搜救隊進入災區。這時，台灣政府所派遣的搜救隊也於十四日抵達羽田機場。

為什麼當時日本政府會對是否接受台灣的搜救隊猶豫不決？日本媒體說是因為日本政府考量到中國共產黨認為「台灣是中國的一部分」的立場。這讓我感到很遺憾，難道日本對台灣的感情就是這麼膚淺？如果災民知道是人為因素導致延誤救援，內心做何感想？人道救援不應以政治或意識形態來判斷。對於當時日本政府的反應，我至今仍無法接受。無法履行當初對曾野女士的承諾「如果日本發生任何事，最先趕到的將是台灣的搜救隊」，是我這輩子難以彌補的恨事。

令人感嘆搖頭的日本政府作為

這是發生在三一一大地震之前十年，二〇〇一年的事。我為了治療心臟舊疾想去一趟日本，當時日本的外交部長和外交部擔心讓我入境會惹毛中國，遲遲不發簽證。「見義不為，無勇也」這句話代表了武士道精神。對日本人來說，武士道不是最高的道德嗎？當時我感覺日本這個國家怎麼變得這麼奇怪。這股危機感促使我撰寫《武士道解題：做人的根本》（二〇〇三年）這本書。

但是另一方面，我想說：三一一大地震中，日本國民展現有節制的行動、無條件的自我犧牲，正是武士道精神的體現。雖然現在大家已經很少提及武士道，但其實武士道精神並未消失。因為世人稱讚不絕的，正是日本國民所展現的武士道精神。

然而，在三一一大地震發生時，與日本國民優異的表現相較，日本政府的應對令人感慨。

聽說大地震發生後不久，當時的首相菅直人搭乘直升機，在上空巡視察災區之後，就此結束他的視察。菅直人應該帶著自衛隊幕僚長與內閣官房長官，下機到災區一一視察、慰問災民，詢問地方領導人需要什麼救濟措施和財政協助。當人民痛苦不堪時，他有什麼臉搭直升機在空中繞來繞去？事實證明，他充其量只是個民主黨的黨魁，沒有資格當國家領導人。

大地震發生後，我看到遲遲無法處理的震災垃圾堆積如山，一直有股「從台灣派救援隊去協助」的衝動。我為日本人民流淚的次數變多了。該如何做好「一個國家應有的樣子」呢？民主黨的領導高層中，很多人都缺乏政治家該有的視野。

關於「台灣是中國的一部分」的謬論

明治維新以來，日本已成為東西文明滙合之地。正是這個歷史事實，造就了日本的「國家體性」。而日本必須擔任亞洲領導者的理由也在於此。

然而，在日本戰敗後，長期依賴美國的同時，偏向中國立場的「中華意識」

也日漸明確。這樣的立場無法因應國際社會的變化。

打著「經濟優先」、「生意第一」的口號進軍中國的企業中，有些的確賺到了錢。但也導致日本國內的空洞化，國民平均所得因而降低，失業人口增加了。長期不景氣的情況證明了，這個方法未必對日本的經濟有利。日本做生意的對象，本來就不應該只有中國而已。印度及其他亞洲各國，也都是重要的交易對象。正是現在，日本人必須擺脫「中華意識」。

以前我曾讀過日本早稻田大學學生研究台灣的報告。題目是台灣將變成怎麼樣，還有日本應該怎麼做。

關於台灣的未來，日本學生的見解大致可分為三種：「台灣應該與中國統一」、「台灣應該獨立」、「台灣應維持與中國的現狀和關係」。關於台日關係，由於目前兩國沒有正式的外交關係，很多人認為「只要加強經濟與文化交流即可」。

當然，穩定台日的經濟關係、促進文化交流、加強台灣人與日本人之間的緊密連繫很重要。但我特別想釐清一點，「台灣是中國的一部分」這種中國方面的說法是不成立的。

日本戰敗後，未曾統治過台灣的中華人民共和國對台灣提出「中華民族」的幻想，準備逼迫台灣接受、從屬於「大中華民族主義」的霸權。但這是充滿欺瞞的說法。

雖然就歷史而言，從一六八四年到一八九五年的兩百年間，台灣曾是「清朝」的一部分；但是若以此為理由，就認為「台灣（中華民國）是中國（中華人民共和國）的一部分」，這無異表明，曾領有台灣的荷蘭、西班牙、日本也都有權宣告「台灣自古屬於荷蘭」、「台灣自古屬於西班牙」、「台灣自古屬於日本」。由此可知，中國主張「台灣是中國的一部分」，是多麼愚蠢的論調。

再補充兩句。台灣確實有很多來自中國的移民，不過，很多美國人民最初也是從英國遷來的。然而，今天已經沒有人主張「美國是英國的一部分」。台灣與中國的關係也是如此。

安倍首相讓台灣人感動的「友人」說

日本政府向來揣摩中國的上意，輕忽對台灣的考量，但安倍首相強勢扭轉了這種態度。以日本政府每年在三月十一日舉辦的三一一大地震追悼儀式為例，震災一年後，在二〇一二年民主黨執政的追悼儀式上，儘管台灣捐贈了巨額善款，但台灣代表卻被排除於唱名獻花行列的悲劇。聽說日本國內很多人對這種失禮的做法大加撻伐。到了二〇一二年底，大選結果由自民黨奪回政權。從二〇一三年起，台灣代表開始受到與各國外交使節同等的待遇。

此外，安倍首相還在社群網站「臉書」上提及台灣的支援，說台灣是「日本重要的友人」，讓許多台灣人很感動。安倍首相不受歷任日本政治領導人「感謝中國大人」的意識形態所左右，感覺上日本逐漸能夠學習和應對瞬息萬變的國際社會了。

「台灣加油」、「日本加油」

關於我在本書第一章提到的電影《KANO》，二〇一四年秋天，我曾經與這部電影的監製魏德聖對談。魏德聖就是台灣的賣座大片《海角七號》、《賽德克・巴萊》的導演，在電影《KANO》則擔任監製，負責電影的總調度。

在反對兩岸簽署服務貿易協議的太陽花學運的學生佔領立法院時，據說魏

與電影《KANO》監製魏德聖對談

德聖被要求發表一點意見。他的回答是「請來觀賞《KANO》」。就在被學生佔領的立法院，特別放映了這部電影。要學習不屈不撓的「KANO精神」，並且貫徹自己的信念。據說看完這部電影，學生們了解魏德聖的想法，一起高喊「台灣加油」，矢言奮鬥下去。

二〇一四年的太陽花學運在日本受到高度矚目，許多日本人以「台灣加油」鼓勵台灣的年輕人。同年八月一日，高雄發生瓦斯氣爆事故時，也有很多日本人發出「台灣加油」的聲音。一九九九年九二一大地震發生時也是一樣。還有三一一大地震，我們台灣人也是從內心發出「日本加油」的聲音。世界上可能再也找不到，像這樣彼此以這麼強烈的「連帶感」連繫在一起的兩個國家了。

感動於學生的行動力

說個題外話。當二〇一四年太陽花學運獲得一般民眾的支持，人數劇增到五十萬，包圍總統府周邊的時候，我也很想到現場看看。但是，女兒和孫女告訴我：「您的感冒還沒痊癒，待在家裡就好。我們到現場，回來再向您報告。」她

五十萬名示威民眾包圍總統府，大家盯著會場上的大螢幕，2014年3月30日。
（片倉佳史提供）

們比我還支持太陽花學運，最後我聽從她們的勸告。

學生佔領立法院的三十三天中，我打電話給我的律師顧問，請他們從法律面協助學生。於是，他們召集了數十名志同道合的律師常駐立法院，支援學生的運動。

立法院佔領結束後過了幾個禮拜，我應學生的要求，在立法院餐廳對他們說明，為了台灣今後該做些什麼事。在學生佔領立法院期間，妻子連日從電視上看著佔領立法院的學生、表達聲援，甚至比我還挺學生，她希望和我一起到立法院餐廳見學生，於是我帶著她一起過去。日本戰敗後，我轉學分發到台灣大學，曾經擔任學生運動的領袖，我非常能夠體會學生們被逼迫出此下策時的心情，對於他們的行動力也很感動。

現在台灣的問題在於，議會問政未反映民意，中央政府施政也未反映地方的聲音。如第三章所述，我認為台灣必須實施「第二次民主改革」，因此我巡迴台灣各地演講，說明我的構想。

台日永遠緊密連繫

我在本書前面談到，台灣人喜愛用「日本精神」這個詞彙，就是指「勇氣」、「誠實」、「勤勉」、「奉公」、「自我犧牲」、「有責任感」、「守法」、「清潔」等精神。

從某個角度來看，台灣所認知的「日本精神」，的確被理想化了。而現在，也不是所有的日本人都具備這種精神。面對現代日本種種的社會問題，不僅是我，就連日本人自己也感嘆武士道的精神衰退了。但是，請記住一件事：台灣人親日情感的基礎，其實是對「日本精神」的認同。

擱筆之際，我想再提「嘉南大圳」之父八田與一的事蹟。為了讓八田的精神流傳於世，一些曾經參與大圳建設的工程人員製作了八田的銅像，豎立於烏山頭水庫旁。戰後，國民黨政府四處破壞日本統治時期的銅像和碑文，為了避免銅像遭到破壞，八田的銅像被安置在倉庫裡。直到一九八一年，才移回原來的位置。

右手肘撐著膝蓋，邊抓著頭髮的八田銅像，就像他當年的模樣，總是在思索著什麼。他的靈魂現在應該也是每天凝視著「嘉南大圳」的水流吧。對於台灣人能夠在戰後保護八田銅像直到現在，我由衷感到驕傲。

烏山頭水庫堤畔八田與一技師的銅像。每逢八田逝世紀念日5月8日，在此舉行追思紀念活動。（片倉佳史提供）

魏德聖與我對談時說：「台灣真是個小國。從台灣的觀點來看，日本不是大國嗎？為何日本不能將台灣視為一個國家，公平對待呢？難道是因為日本被外國接管嗎？以前日本和台灣是同一個國家。日本人與台灣人曾經以甲子園奪冠為目標。我希望讓現在的日本人知道這件事。」

司馬遼太郎先生在描寫明治國家興隆的巨著《坂上之雲》的開頭寫道：「真的是很小的國家，不過，正迎向開花期。」今天台灣的國土面積比九州還小，人口也不及明治時期的日本。連聯合國都沒加入。所以說「真的是很小的國家」。

但是，我們擁有歷經現代化、民主化的過程培育而成的「台灣精神」。只要有這股「台灣精神」，我們的台灣就不會滅亡。

然後，我希望日本的各位好朋友，能夠秉持「見義不為，無勇也」的武士道精神，支持台灣打造新國家。千萬不能忘記，不論是在精神文明或道德方面，日本都是唯一能夠成為亞洲領袖的國家。作為東西文明融合之地，實現明治維新的日本，到現在還是台灣應該學習的偉大兄長。

殷切企盼，為了東亞更加的安定與和平，日本與台灣一定要共同攜手，邁步前進。

後語

本書校正工作結束之際，正好有人告訴我，台灣九合一地方選舉（二〇一四年十一月二十九日）的開票結果。執政的國民黨幾乎輸掉所有的地方自治首長職位（包括原本執政的台北市、台中市等直轄市），被喻為一九一九年創黨以來最大的潰敗。選舉的結果顯示，台灣選民明確地對無能的馬英九政權說「NO」。有人說這是「台灣人民的勝利」、「台灣民主的勝利」。但是，我們真的勝利了嗎？這真的是台灣民主的勝利嗎？

台灣曾經完成奇蹟似的經濟發展，但現在已無法期待那樣的奇蹟了。十幾年來，因為台灣與中國的經濟交流，台灣的技術、資產和資源不斷外流。如今殘留在台灣的，只剩下部分不良企業所遺留下的債務。有些企業處心積慮諂媚中國、譴責台灣人，有的甚至主導馬政府的對中政策，企圖出賣台灣人民的利益。

更令人痛惡的是，有的財閥利用政商關係炒地皮、販售黑心食品，摧毀台灣人居住與飲食的安全。這些人完全不在意平民百姓的生活，甚至操控媒體，對台灣人進行洗腦，玩弄台灣人，以阿諛中國。

種種不可原諒的行為，造成了台灣的失業率居高不下，薪資水準難以提升，人民的生活變得困苦。貧富差距擴大，社會平等的正義訴求無法期待。年輕人變得更加弱勢，盡皆失去夢想與希望。

長年以來，台灣雖已落實民主制度，但這些年來掌權者卻無心傾聽民意。空有形式上的民主，實際上是施行獨斷專橫、粗暴濫權的政治手法。執政黨運用黨內規約，操控立委去留的作法歷歷在目，這完全背離了人民的利益，主權在民的價值蕩然無存。執政黨不但利用司法來攻擊對手，二〇一四年春天太陽花學運之際，甚至還動用警力毆打要求改革的學生，導致學生流血，慘不忍睹。

我想進一步追問，如果這次的九合一選舉是「台灣人民的勝利」，那麼我們就能夠免於失業、低薪的痛苦嗎？不用擔心吃到黑心食品嗎？老百姓不用再對著遙不可及的房地產價格哀嘆流淚嗎？

如果是「台灣人民的勝利」，縱橫政商關係的企業集團就不會繼續在中國謀取暴利嗎？無能的政黨就不會利用不當取得的黨產，操控司法以維持自己的政權嗎？讓人民受苦的總統，今後就不再當權掌權嗎？

台灣人啊，要看清現實。這次選舉真的是人民的勝利嗎？那麼，為何如此無能的總統還安坐在那個位子？照理說，選民已經透過選票批評馬英九政府沒資格執政。為什麼馬英九率領的集團仍然霸佔著職位，持續掌權？他偽裝成要進行黨的改革，其實是為了能夠繼續掌權，顯然只是新瓶舊酒，一開始根本就沒有改革的意圖。

為了台灣的未來，我想勸告馬英九，立刻辭去總統職位！為了讓台灣能夠向前邁進，馬英九應該立刻辭去總統職位。

台灣已到了不得不改變的時候了。掌握台灣命運的是我們。我們要向前邁進，還是往後退縮，甚至跌入谷底？

台灣，這個蒙受上帝寵愛的美麗小國。「第二次民主改革」正要起步。為了讓民主台灣能夠永續存在，我們一定要不屈不撓地向前邁進。這就是我出版《新・台灣的主張》這本書的原因。

附註

本書出版之際，獲得日本秘書早川友久的協助，謹記於此。

附錄

KANO精神是台灣的驕傲——李登輝與魏德聖的對談

台灣棒球的原點

魏德聖：這次有機會與李前總統對談，感到非常榮幸。聽說您即將過九十二歲大壽，在此向您祝賀。

李登輝：謝謝。我看了魏導演監製的電影《KANO》，感動到流淚，這件事台灣媒體也有報導。片中的教練近藤兵太郎認真地訓練球員，讓嘉義農林學校（嘉農）的小球隊打進日本甲子園總冠軍賽，我認為近藤是真正的領導者。他成立了一支由日本人、本島人（台灣人）、原住民組成的棒球隊，並成功地讓他們團結在一起，實在非常優秀。嘉農打進甲子園決賽是一九三一年的事，當時我才九歲。記得當年聽到廣播，台灣選出來的球隊在甲子園陸續擊敗強敵時，我跟著大

《KANO》片中的教練近藤兵太郎（由日本男星永瀨正敏擔綱演出）認真地訓練球員，讓這個原本羸弱不堪的球隊得以浴火重生。（果子電影提供）

人一起歡欣鼓舞。

魏德聖：李前總統還記得小時候嘉農的優越表現，讓我非常驚訝。當時台灣人對棒球的了解還不是那麼全面。正因為嘉農的優異表現，才使得棒球在台灣推廣開來。

當時球隊的王牌選手吳明捷從嘉農畢業後，到早稻田大學留學，在六大學棒球賽中表現非常優異（累計擊出七支全壘打，直到一九七五年立教大學選手長嶋茂雄締造八支全壘打紀錄，這項維持了二十年的紀錄才被打破）。吳明捷大學畢業後未回到台灣，留在日本經商，娶了日本太太，一九八三年病逝日本。我找到吳明捷的兒子，但是在日本很少人知道他的事。這讓我感到很意外，也很遺憾。

李登輝：我很了解你想說的事情。因為二次大戰後很多日本人並不知道台灣和日本的歷史。在《KANO》片中出場的陳耕元選手（日本名：上松耕一）確有其人，是台灣卑南族原住民。一九九三年作家司馬遼太郎訪問台灣時，我剛好擔任總統，介紹司馬先生與陳耕元的次男陳建年會面。後來，陳建年在我的推薦之下，擔任台東縣長。司馬先生與陳建年的家人共餐時，陳耕元的夫人，也就是陳建年的母親蔡昭昭曾兩度問他：「日本為何拋棄台灣？」司馬先生一時之間答不出話來。在他的《台灣紀行》書中記載了當時的情景。現在，究竟有多少日本人能夠理解「日本為何拋棄台灣」這問題的涵義呢？

魏德聖：我發現《KANO》背後的歷史，其實是在寫《賽德克・巴萊》（二〇一一年）劇本的時候。

李登輝：《賽德克・巴萊》是描述霧社事件（發生於一九三〇年，由台灣原住民發動、最大規模的抗日事件）的那部電影吧。加上你的第一部作品《海角七號》（二〇〇八年），你製作的三部電影我全都看過了（笑）。

魏德聖：非常感謝（笑）。逐漸懂事之後，我開始煩惱該如何與原住民來往。因為我覺得「原住民應該也不希望被廉價的同情眼光看待」。所以，我覺得應該要描寫原住民不為人知、令人尊敬的歷史，於是決定將這段歷史拍成電影。

霧社事件的起因是日本警察毆打原住民青年。這是文化上的差異和摩擦的問題，也是日本人與台灣人兩個不同民族性（ethnicity）的對立。

李登輝：我的父親曾擔任警察，霧社事件發生時，他差點被動員。霧社事件背後的原因，的確是因為日本人對台灣原住民抱持著民族優越感，才會引起原住民的反彈。

魏德聖：約三百名賽德克族勇士面對擁有近代化武器的日本軍，抱著必死的決心，反抗到底。他們到底為何而戰？是為了保衛自身尊嚴。也有原住民認為投降太丟臉，而選擇自殺。有些日本人看到原住民的英勇行為及保衛尊嚴的方式，才發現：「這與我們日本的武士道精神不是一樣嗎？」

霧社事件發生在嘉農打進甲子園決賽前一年。嘉農的近藤教練是個沒有民族偏見的人。他讓各個族群發揮所長，帶領球隊，朝著進軍甲子園奪冠的目標和夢想前進。他的心態與霧社事件發生時管理原住民的日本警察，正好形成對比。

李登輝：你的作品《海角七號》不是也描述日本人與台灣人的交流嗎？我覺得這部電影探討的主題是「不管你是日本人、台灣人或原住民，彼此的心意都是一樣的，無關族群」、「就算使用的語言不一樣、彼此的價值觀和習慣不一樣，心意還是可以互通」。

我在台灣民主化、本土化的過程中提出「新台灣人」的概念。呼籲外省人與本省人停止對立，拋棄省籍情結。我的想法是：只要住在民主台灣，努力生活，為社會盡力的人，都是台灣人。我覺得你的電影就是在描述這個想法。這對破除台灣的老舊思想、創造台灣人的新文化非常有貢獻，我高度肯定你的作法。

為何喜歡日本？

魏德聖：（一邊看資料）編輯部的人問，為什麼那麼多台灣人喜歡日本？我想是因為文化上觀念類似的緣故。說起來，應該還要歸因於日本統治台灣五十年的影響。我自己也是，如果想要到哪裡旅行，首先會想到日本。日本給人的印象是安全、清潔，而且自然環境很美。

前陣子我和一位中國電影導演聊天，他說要到日本的北海道拍雪景。我問他，中國不是也下雪嗎？為何需要千里迢迢到日本取景？他回答：「在中國，人和雪的關係很粗糙。」聽起來一點都不浪漫。中國人習慣對雪封閉心靈。但在日本，人與雪的關係既柔和又美麗。這是他對我說的。日本人擅長與自然環境融合在一起。即使身處雪地，也能融入環境，表現人類的愛。

話說回來，日本也不是樣樣都好。拍《KANO》的時候，在技術方面獲得日本相當大的協助。我非常感謝。但是，日本人太鉅細靡遺了。這也擔心、那也擔心。感覺顧慮太多瑣事。

李登輝：日本人，說好聽一點是很慎重，講難聽一點是太注重細節。我的妻子就是這樣（笑）。妻子和我都接受日式教育，可能是受到那樣的影響。如果是家裡的事情，當做笑話說說便罷，但如果換成政治領導人的話，就會是問題。

二〇一四年九月，我訪問日本的目的之一，是想向日本傳達「日本的前途，必須靠自己決定的時代來臨了」。在安全保障方面，日本至今仍完全託付給美國。不少人仍然堅信「因為有憲法第九條，日本才能維持和平」。但我認為，憲法超過六十年一字一句都沒更動，這才是不正常。我認為，無視於美國弱化、中國崛起的事實，不處理安全保障和憲法的問題，繼續漠不關心下去的話，將會嚴重威脅到日本的國家安全。

過去日本一直仰賴美國，現在則是美國以同樣程度、甚至更大程度地仰賴日本。我認為日本應該正視這個現象。

「嘉南大圳之父」八田與一

魏德聖：我在調查霧社事件的時候，知道八田與一這位日本技師的事蹟。研究霧社事件的原因，不是一件簡單的事。一九三〇年左右的警察制度和山上部族之間的關係，或者當時在國際上，台灣與日本到底是什麼樣的關係之類的問題。我還調查了在那前後二十年的歷史。在這過程中，得知八田技師的功績，我感到很震撼。讀中學的時候，台灣的教科書完全沒提到八田與一的事。其實我很想拍攝有關八田與一的電影，但規模太大，不是我能處理的，只好放棄。

李登輝：台灣的教科書教導「嘉南大圳之父」八田與一，是在一九九六年我當選首屆（直選）總統之後的事。以前的教科書都只教導中國歷史，但我們認為有必要教台灣歷史，於是編撰了《認識台灣》這本教科書。書中很客觀地處理日本統治台灣時期的歷史，並首度介紹八田技師。很遺憾的是，在陳水扁總統執政時，二〇〇三年實施教改，《認識台灣》這本教科書也跟著廢除了。這也難怪，你在中學時代沒學到有關八田與一的事，當然會不清楚他的功績。

魏德聖：正是如此。現在台灣出版了幾本關於八田與一的書，在圖書館也能找得到。

李登輝：在電影《KANO》中，八田與一也出現了。八田在台灣建設水壩及灌溉用水路，讓原本一片荒蕪的嘉南平原變成台灣最大的穀倉，他是台灣的恩人。他規劃興建的烏山頭水庫（一九三〇年完工）是當時世界上最大的水庫。此外，八田也在嘉南平原建設如蜘蛛網狀、約一萬六千公里的水路工程。假設我們繞地球一周，全長不過四萬公里，就能明白這項工程的規模有多浩大。據說當嘉南平原六十萬農民看到八田建設的新水路流出水時，都感動到流下眼淚高呼：「神水來了。」

台灣人愛講的詞句之一就是「日本精神」。這是日治時期台灣人學習到的精神，是二次大戰日本投降後，從大陸遷至台灣的中國人身上看不到的精神，台灣人以擁有日本精神（代表著勇氣、誠實、勤勉、奉公、自我犧牲、責任感、守法、清潔等精神）為傲。我認為，八田就是這種「日本精神」的代表人物。

魏德聖：坦白說，我無法理解李前總統所說的「日本精神」與八田之間的關係。在我看來，八田是典型的專業技師。他會思考人需要什麼，然後落實行動。

李登輝：八田最後擔任南方開發要員，搭船前往菲律賓的途中遭到美軍潛水艇魚雷的攻擊而罹難身亡。日本戰敗三年後，他的妻子外代樹也在他所建造的烏山頭水庫放水口投水自盡。台灣人對於八田夫妻的感謝和惋惜，從下面這段軼事便可看出端倪。

參與工程的人員在烏山頭水庫旁設立了八田的紀念銅像。二次大戰後期，為了躲過「金屬上繳令」（日本軍需日漸不足，下令須上繳金屬品以供溶製），有人將八田的銅像藏到倉庫裡。日本戰敗後，從大陸遷至台灣的國民黨到處破壞日治時期的銅像和碑文，八田的銅像也幸運逃過此劫。現在每逢八田的逝世紀念日五月八日，都會在銅像前舉行追思紀念活動，象徵台日之間的深厚情誼。

「我到底是誰」的問題

魏德聖：李總統執政時期（一九八八年—二〇〇〇年），我大約十幾到二十幾歲，是感受力最強的時期。在您面前說起來很失禮，其實當時我還無法體會您的偉大。可能是因為我比較不關心政治。直到陳水扁總統執政（二〇〇〇年—二〇〇八年）及馬英九總統執政（二〇〇八年—），我才了解李前總統追求的理想。人不是頭腦好就有用，有些事情比支持藍（國民黨）或支持綠（民進黨）這個問題更重要。那就是我們的心。我認為現在台灣人最欠缺的就是同理心。

李登輝：人活在世上，最重要的是「我到底是誰」這樣的問題。相當程度歸功於戰前的日本教育，才造就了現在的我。在觀賞《KANO》之後，我和妻子談到「當年的日本教育真是棒」。但這並不代表我們對統治台灣的日本人沒有不滿。當時的日本人有些瞧不起台灣人，我自己就經歷過幾次這樣的經驗。

我的母親是鄉下人，有一天我帶她逛菊本百貨店（台灣第一家百貨公司）。當時我是舊制台北高等學校的學生，身上穿著學校制服。當時就是抱著「身為台灣人，這點小事難不倒我」的想法。

在日本統治時期，台灣人被強迫講日語，因此只能偷偷躲在廁所學台語。當時我才九歲、十歲，和祖父一起背《論語》。記得有一次學到《論語》〈先進篇〉中「未知生，焉知死」這句話，當時年紀雖小，卻不太喜歡這句話。若過度肯定生，很容易導向自我中心，變成追求享樂的人生。另一方面，正如日本武士道的一句名言「武士道要時時刻刻意識到死亡」（《葉隱》）所說的，另一種哲學思考是：先以死為前提，才能思考有意義的生。

接受日本武士道所講的無私精神之後，再加上後來我信仰的基督教，終於讓我找到答案，能夠回答長期以來困擾我的問題——「我到底是誰」，就是「我是『不是我的我』」。我自己的生命何時結束都無所謂。為了台灣，我要拚命工作。我不追求任何名位。我是以這樣的心情努力到現在。當然，今後也決心如此。

魏德聖：我也拜讀過李前總統撰寫的《台灣的主張》（一九九六年）。我大致認同書中所寫的。但是，台灣媒體只注意到部分內容，就徑自批評起來。我認為那一定是懷抱著特定的政治目的，才會那麼做。

李登輝：去年，所謂「親中」報紙的不實報導，引起了一點騷動。謠傳日本戰敗後，我轉到台灣大學就讀時曾經兩度加入中國共產黨，後來又兩度脫黨。在台灣大學時，我是學生運動的領袖。從事學生運動是事實，但我並非從事台灣獨立運動，更何況我根本不曾加入共產黨。根據馬克思的《資本論》，共產革命應該發生在資本主義高度發達的國家。然而，當時的中國距離那狀況還太遠，也沒培育出足以擔任革命大任的勞工階級。當時我發現，中國共產黨之所以推崇馬克思主義，不過是把它當作「施行古代專制政治」的工具而已。那麼可怕的黨怎麼可能讓你入黨兩次，還大方讓你全身而退呢（笑）？

魏德聖：說的也是（笑）。

立法院特別放映《KANO》

李登輝：二〇一四年三月，台灣發生了震撼東亞的大事，就是「太陽花學運」。聽說在學生佔領的立法院裡特別放映了《KANO》。我很感興趣，這究竟帶給學生們什麼樣的訊息？

魏德聖：也沒特別帶給他們什麼意見。太陽花學運發生時，我感覺廣大社會還無法理解，學生佔領立法院要持續到什麼時候、為何產生這次學運？我個人沒想到什麼給學生的意見。我是電影人，所以想讓學生們看我的電影。希望學生藉由觀賞《KANO》，學習嘉農棒球小將不屈不撓的精神，貫徹自己的信念。

李登輝：我聽說在立法院播放《KANO》之後，忽然出現了「台灣加油」的聲浪。甚至有女學生哭了起來。學生從立法院撤退後，過了幾個禮拜，我應學生們要求，在立法院餐廳與他們談論今後台灣必要的工作。其中一項是「新台灣人」這個概念。我再度強調，不要受限於來到台灣的時間和不同族群的差別，繼續建設民主台灣才是最重要的任務。

魏德聖：我周遭的朋友很少有人像以前那樣會區分外省人和本省人。大家都說：「我是台灣人。」

李登輝：其實日治時期受日本教育的老一輩人，幾乎都抱持「我是台灣人」的想法。民主化之後成長的人也是一樣。但是，戰後從中國大陸來到台灣的人當中，確實有人至今還抱持著自己是中國人的想法。對日本人來說，自己是日本人這件事情是理所當然、一清二楚的事情，台灣卻仍無法解決這個認同問題。

對日本的情感是「單相思」

李登輝：《KANO》提供了一個很好的機會，讓日本人思考日本與台灣之間的深厚情誼。對於日本，有件事一直讓我感到很遺憾。三一一大地震發生時，我們很快透過日本交流協會台北事務所，表達希望派遣搜救隊到日本。就是民間

戰後日本人撤離台灣。一名日本男子的情書歷經六十年後，才寄到台灣女友的手中。(《海角七號》，果子電影提供)

NGO組織中華民國搜救總隊。一九九九年九二一大地震發生時，他們曾奮不顧身進入倒塌建築物中，展開搜尋存活者的救援行動，是代表台灣精神的勇士。

但是，日本方面沒有立刻答應讓他們去。因為得不到日本政府的協助，他們只好與日本的NPO組織合作，自行前往災區。為什麼當時日本政府不能立刻答應，接受來自台灣的民間搜救隊呢？根據日本媒體的報導，是因為考慮到中國共產黨認為「台灣是中國的一部分」的主張。人道救援不應該以政治或意識形態來評斷。身為台灣人，沒有比這更屈辱、更悲哀的事了。

魏德聖：我很能理解李前總統的心痛感覺。我也有類似經驗。有一次我受邀出席在香港舉辦的影展，會場上有中國人、香港人、台灣人、日本人等非常多的亞洲人。當日本代表上台致詞時，對各國對三一一大地震的支援表示感謝，卻沒有提到台灣。我聽了很生氣。三一一大地震發生時，台灣捐助了日本巨額善款，據說是世界第一。當時我只能拚命忍住自己想跑去向日本代表抗議的衝動。

李登輝：二〇〇一年，我曾經為了治療心臟病舊疾，想要訪日。當時日本外交部長、外交部因為擔心中國的反對，遲遲不發簽證。其他還有很多日本政府的應對方式，讓我必須強迫自己忍耐。偏偏我在台灣常被批評過於親日，這實在太不划算了（笑）。《海角七號》描述戰後日本男子的情書歷經六十年後，才寄到台灣女子手中的故事。然而，有很長一段時間，我們台灣人寫給日本的情書卻根本無從寄達。我常說，戰後我們對日本的情感一直是「單相思」。不過，安倍首相執政以來，我感到台日關係總算逐漸變成了對等關係。我對安倍首相寄予厚望。

日本人啊，請向歷史學習

魏德聖：透過《KANO》，我想讓日本人知道，台灣這個地方是由各個不同族群聚集的社會。而且曾經有許多日本人住在台灣，在同一個時代與台灣人一起生活。日本統治時期，台灣有很多優點，也有很多缺點。日本人與台灣人之間也曾發生衝突。但回顧歷史，我們的合作不是很順利地成功了嗎？即使現在回想起來，也會覺得那是非常美好的經驗。前進甲子園的嘉農棒球小將，正是那美好經驗的象徵。

各國對台灣的歧視，讓我感到很心痛。我並非要求日本要和台灣站在一起。台灣真是個小國家。從台灣的觀點來看，現在的日本是大國。為何日本不能將台灣視為一個國家，而公平對待呢？難道日本是哪個國家的附庸國嗎？難道日本被外國接管嗎？我要反覆強調，我們台灣人和日本人曾經擁有「在同一塊土地、同一個時代」一起生活的經驗。為什麼日本人不能嘗試了解這點呢？也許我這麼說，是有點偏激了……。

李登輝：現在的台灣是道道地地的民主國家。為了實現台灣的民主化，我一路走來始終盡心盡力，毫無保留。當然以後也是如此，繼續為台灣貢獻心力。但是魏先生，今後是像你這樣的年輕人的時代。你的每一部電影都成功描繪出「台灣人的主體性」。你要相信自己的選擇，勇往直前。

最後，我想對日本人說，台灣的民主改革有很多地方是向日本的「明治精神」和「戰後改革」學習而來的。看完《KANO》之後，我在電影院外面對等著採訪我的記者這麼說：「台灣人應該看這部電影！」同樣地，我也想對日本人說：「日本人應該看這部電影。然後，請向歷史學習！」

附註

二〇一五年一月二十四日，《KANO》在日本上映。電影上映前，《Voice》月刊特別安排《KANO》的監製魏德聖導演，與前總統李登輝進行這場對談。本文轉載自二〇一五年二月號《Voice》月刊。

魏德聖

電影導演，一九六九年生於台南市。二〇〇八年首度執導電影《海角七號》，締造了台灣史上第二高的票房紀錄，備受矚目。二〇一一年執導電影《賽德克・巴萊》。二〇一四年在電影《KANO》中擔任監製。

相關年表

一九二三年一月　出生於台北淡水郡三芝庄（現今新北市三芝區）
一九四〇年四月　進入舊制台北高等學校
一九四二年十月　進入京都帝國大學農學部
一九四三年十二月　志願進入陸軍
一九四五年八月　任陸軍少尉，在名古屋時日本宣布戰爭結束
一九四六年四月　返回台灣，進入台灣大學農學部
一九四七年二月　發生二二八事件
一九四九年二月　與曾文惠女士結婚
一九五二年三月　留學美國愛荷華大學攻讀碩士學位
一九六五年九月　留學美國康乃爾大學攻讀博士學位
一九七一年十月　加入國民黨
一九七二年六月　就任行政院政務委員，負責農業問題
一九七二年十月　日本與中華人民共和國建交，與中華民國斷交
一九七八年六月　就任台北市長
一九八一年十二月　就任台灣省政府主席

一九八四年三月　就任副總統

一九八八年一月　蔣經國總統去世後，接任總統

一九八八年七月　就任國民黨主席

一九九〇年三月　發生野百合學運

一九九〇年六月　召集朝野代表，召開國是會議

一九九一年五月　廢除動員戡亂時期臨時條款

一九九五年六月　在美國康乃爾大學演講

一九九六年三月　台灣首屆總統直接選舉當選後，就任第九任總統

一九九八年十二月　台灣省虛級化

一九九九年六月　出版《台灣的主張》

一九九九年七月　接受「德國之聲」專訪，表示兩岸關係是「特殊的國與國關係」

一九九九年九月　發生九二一大地震

二〇〇〇年三月　民進黨陳水扁當選總統

二〇〇〇年三月　辭去國民黨黨主席

二〇一四年三月　發生太陽花學運

二〇一四年九月　卸任總統後，第六次訪日

二〇一五年七月　卸任總統後，第七次訪日

參考文獻

李登輝，《台灣的主張》，PHP研究所，一九九九年
李登輝，《台灣大地震救災日記》，PHP研究所，二〇〇〇年
李登輝，《（新版）最高領導者的條件》，PHP研究所，二〇一三年
李登輝，《李登輝送給日本的話》，WEDGE出版，二〇一四年
李登輝，《台灣所追求的未來》，柏書房，一九九五年
上坂冬子，《虎口的總統：李登輝與曾文惠》，文藝春秋，二〇〇一年
鄒景雯、金美齡，《李登輝鬥爭實錄》，產經新聞News Service，二〇〇二年
片倉佳史、早川友久等，《日本人，開拓台灣》，Modoka出版，二〇一三年
日本李登輝之友會，《日台共榮》
《Voice》月刊，PHP研究所

遠足新書 1

新・台灣的主張　新・台湾の主張

作者　李登輝｜譯者　楊明珠｜校訂　明智周｜責任編輯　龍傑娣｜美術設計　牛俊強｜排版　極翔企業有限公司｜出版　遠足文化事業股份有限公司　第二編輯部　社長　郭重興｜總編輯　龍傑娣｜發行人兼出版總監　曾大福｜發行　遠足文化事業股份有限公司｜電話　02-2218-1417｜傳真　02-8667-1851｜客服專線　0800-221-029｜E-Mail　service@sinobooks.com.tw｜官方網站　http://www.bookrep.com.tw｜法律顧問　華洋國際專利商標事務所 蘇文生律師｜印刷　成陽印刷股份有限公司｜初版一刷　2015年8月｜一版六刷　2020年8月｜定價　300 元

國家圖書館出版品預行編目資料

新・臺灣的主張 / 李登輝著 ; 楊明珠譯. -- 初版. -- 新北市 : 遠足文化, 2015.08
面；　公分. --（遠足新書 ; 1）
ISBN 978-986-92081-5-4（平裝）
1.李登輝 2.臺灣政治 3.臺灣史 4.中日關係
573.07　　104015543